ちくま学芸文庫

古代の鉄と神々

真弓常忠

筑摩書房

増補改訂によせて

本書は、初刷発行いらい、版を重ねて七刷におよんだ。意外に読まれていることに驚きもするが、その間に荒神谷遺跡や加茂岩倉遺跡の発掘により、砂鉄の宝庫ともいうべき出雲より、大量の銅剣・銅鐸・銅矛が出土し、私見は書き改めねばならぬかの感を受けた。

かねて学生社の大津輝男編集部長より改訂版の要請を受けていたので、加茂岩倉遺跡発掘を聞いてただちに出雲に赴いた。再び三度訪れ、重ねて確かめえたのは、かねての銅鐸・銅剣・銅矛と鉄との関わりについての私見は訂正する必要のないこと、むしろ補強されるものとの自信を深めたことである。その知見によって「四　銅鐸・銅剣・銅矛と産鉄地」および「五　倭鍛冶と韓鍛冶の神々」の章を加え、従来より意に添わなかった旧版の一部は削除の上、また若干の字句の訂正をして増補改訂版を発刊することになった。

わが国の製鉄が、じつに弥生時代より行われ、銅鐸・銅剣・銅矛さえも、鉄とかかわり深いこと、また神々の祭祀が古代の鉄文化の跡を明らかにすることに、改めて感銘をうけた次第である。

平成九年八月十五日

著者

はしがき

日本古代の歴史と文化には謎がじつに多い。たとえば銅鐸ひとつにしても、これが何に用いられ、なぜ埋められているのか、諸説あるもののいまだにわからないといってよい。そうした古代の謎を解き明かすには、遺物による考古学の立場と、文献記録にもとづく史学の立場があった。しかし古代の文化は、出土遺物や文献記録によって知りうるばかりではない。ことに古代人の精神生活を知ることができるものとしては、神話や伝説があり、さらにその基底に祭祀――神々の祭りがあった。わたしは祭祀を通して日本文化の形成過程を明らかにしようとしてきた。

わが国は全国津々浦々、どこに行ってもかならずあるのが鎮守の森である。それは邑落の共同体の守神として、太古以来祭られ続けてきた神社である。神社は、そこに存在するということじたい、その地となんらかのゆかりがあるからであり、そこにまつられている神（祭神）も、それなりの理由があってまつられているに違いないが、その由来は忘れられて久しく、理由もわからなくなっていることが少なくない。

しかし、祭られている神々と伝承の祭祀、古い地名、奉斎氏族等によって、その成り立ちはかなり跡づけることができる。その場合、神話や伝承が有力な手がかりとなるのはいうまでもないが、従来と同じ研究方法による発想では、いっこうに謎の解明にはならなかった。

それが、従来とはまったく異なった視点をもって、神話と祭祀を見直したとき、思いがけないところに解決の糸口を見出したのである。それは鉄であった。古代祭祀の背後に鉄が深く関わっていることを知ったのである。鉄との関わりという視点を持ったことによって、わたしは深くヴェールに覆われた古代の謎を解く端緒をえることもできたし、鉄文化を無視しては、日本の古代を語りえないことにも想い到(いた)ったのである。

ここに記したのは、その古代史を解明する上でのひとつの視点であり、あらたな発想法である。本書の読者は、日本の祭りが想像を絶するほど古く深いところで鉄とつながっていることを知るとともに、その視点からすれば、日本の古代史が大きく書き換えられなければならないことに想い到るだろう。ただしこの研究はいまだほんの端緒についたばかりであり、わたしはある程度の道標を示して問題を提起したにすぎない。祭祀研究を主とするわたしには副産物だからである。

戦前、穴戸儀一・福士幸次郎という、鉄の魅力にとりつかれて、古代鉄文化の跡を追うことに半生を費した人物があった。最近までこの二人の先駆的業績に対して学界は一顧だに与えなかったが、近年ようやく見直されようとしている。稲荷山（いなりやま）古墳の鉄剣をはじめ、各地で鉄製品の発見があいついでいることによるものかどうかは知らないが、今後、鉄と古代史との関連はますます注目されることになるだろう。その場合、考古学や文献史学の立場のみならず、祭祀学や自然科学を含めた学際的研究が待たれるところである。なによりも学界が、旧来の説にとらわれずに、発想を転換する必要がある。

本書中の所論は、多く前著『日本古代祭祀と鉄』（学生社、昭和五六年）に記したところであり、同書に収めたのは、それぞれ独立した論文として発表したものであるため、重複もあり、煩雑な考証も多いので、これらを整理して、その後の知見をも加えてあらたに書きおろした。前著に対しては賛否交々の意見や書評が寄せられたが、とくに自然科学の分野の方々による賛同が多かった。しかし「精緻な歴史考証が不足なためのあらさと、解釈の甘さがただよっている」との指摘もうけた。そのことはじゅうぶん承知の上、いまふたたび世に問うのは、二十一世紀に向かって新しい文化の形成のために発想の転換が求められているとき、もっとも古く、もっとも保守的と見なされている神道の学問にたずさわるものよりする、あらたな問題の提起であり、古代史研究における従来の方法とは異なったあらたな視点の提供である。いうならば闇に閉ざされた古代の謎を解くため、ここに一灯を掲げて博雅の万灯を待とうとするにほかならない。

本書の刊行については、毎度のことながら学生社々長鶴岡阷巳氏、編集部長大津輝男氏はじめ関係の方々の多大の御高配にあずかった。記して謝意を表する次第である。

昭和六十年夏至の日

真弓常忠

目次

古代の鉄と神々

本書は一九八五年九月、学生社から刊行された。底本には二〇一二年十月一日刊行の増補第三版を使用し、付「『片葉の葦に生まれる鉄』の発見」は削除した。

はじめに——稲つくりと鉄

弥生時代の農具はなに?

わが国は弥生時代以来、稲(いね)つくりをもって生産の基本としてきたことは知られている。縄文時代の晩期に稲種がもたらされて、水稲耕作はわずか百年ほどの間に日本列島のほぼ全域にいきわたった。ところがこの水稲耕作を推し進めたのは何であったか? 同時期に流入したのが青銅器であったとすれば、青銅製のスキやクワがあるのか? 弥生時代の祭器として、銅鐸や銅剣・銅鉾は多量に発見されているが、青銅製のスキ・クワは聞いたことがない。それでは弥生時代の農具はなにを用いていたのであろうか?

奈良県の唐古(からこ)遺跡から発見された木製農具は鉄製の刃物によって加工されたとみられているから、弥生時代にも鉄製品は用いられたことは確かである。鉄器が弥生時代の初期にすでに用いられていたことは、熊本県の斎藤山遺跡から鉄斧が発見されていることによって証明されている。しかしそれが鉄製のはじめからわが国でつくられたものか、大陸から輸入されたものかは証明できない。一般には鉄の熔融点は一五二五度であるから、弥生時代にそれほどの高温を出せる技術は発達していなかったから、とうぜん大陸からの舶載品（はくさいひん）と推定されてきた。

鉄と銅の熔融点

鉄の熔融点は一五二五度、それに対して銅は一一〇〇度である。したがって、鉄よりも銅の方が製品としやすいと考えるのは常識である。青銅器の出土遺物が圧倒的に多い弥生時代は青銅器時代で、鉄器の生産が行われたのは古墳時代に入ってからというのが考古学での通説である。しかるに弥生時代にはすでに水稲農耕が全国的に行きわたっていて、それを推し進めたのは、鉄製農具か、少なくとも鉄製利器によって加工した木製のスキ・クワである。その場合の鉄製器具は大陸から輸入されたものであろうか？　弥生時代にそれほど大陸と交通していたとすれば、もっと他に舶載品があってもよさそうであるが、それはそれほどでもない。とするならば弥生時代の鉄器はどうしてつくられたのか？　それが疑問の第一である。

そこで弥生時代の鉄製品の出土例を調べてみると、初期には鋳造品が多いのに対して、中期以後は鋳造品は姿を消して鍛造品が多くなることが報告されている（窪田蔵郎氏『鉄の考古学』）。これは初期のものは舶載品であったのに対して、中期以後は製錬は大陸で行い、造形加工のみをわが国で行ったと推定されてきた。しかし弥生時代にそのような鉄製品の素材を輸入して、それを造型加工するというような組織的な体制が存在していたのであろうか。それも疑問であった。

弥生時代の鉄

わたしはかつて（昭和四十四、五年頃）考古学者の山本博氏（『古代の製鉄』の著者）と竜田越の道や井戸の遺構を調査したことがある。その時、竜田山上の雁多尾畑（かりんどばた）で露天タタラによる製鉄の行われたことの教示をうけた。

当時、じつはわたしはいまだ鉄についてあまり関心がなかったので、それが重大な問題を示唆されているとは思いもよらなかった。ところが後にそのことが、日本古代の文化を考える上で、もっとも大事な点であることを知るに至ったのである。

山本氏によると、銅よりも鉄の方が熔融点は高いが、銅は熔解しなければ製品とすることができないのに対して、鉄は熔解しなくとも、七〜八〇〇度の熱度で可鍛鉄（かたんてつ）を得さえすれば、これを熱してはたたき、熱してはたたいて鍛造（たんぞう）できるということであった。このことは早く一九一二年にW・ゴーランドが指摘し、わが国では宍戸儀一が

戦前にこれを抄訳引用していたものである。それによると、

(1) 鉄鉱石から鉄を抽出する方法は、銅鉱から銅を抽出するよりも簡単である。

(2) 鉄鉱石は熔解しなくとも、七~八〇〇度の熱度で可鍛鉄を得ることができる。

(3) 鉄の抽出には、特定の送風装置を必要としない。

というもので、弥生式土器を焼成する程度の熱度でよく、タタラ炉を築いて特殊な送風装置を設けなくても、野辺にて製錬することができたということであった。

露天タタラ

わが国は地下資源に乏しいが、火山が多いだけに砂鉄には恵まれていて、いたるところに砂鉄は存在する。窪田蔵郎氏によると、弥生時代には河原や海岸近くの台地、あるいは山あいの沢のような場所で、自然通風に依存して天候のよい日を選び、燃料の薪の上に砂鉄を集積し、その上にさらに薪を積み上げて何日も燃やしつづけ、海綿状を呈したごく粗雑な還元鉄の塊を半焼けの金糞の中から拾い出し、よさそうなものだけをふたたび火中に入れて加熱し、再三打ったりたたいたりして、小さな鉄製品を作るという、きわめて原始的な方法であったろうという。弥生時代中期より古墳中期まで、このような原始的な方法による製鉄の行われていたことが推定されている。

とするならば、弥生時代中期以後、鍛造品の多くなる理由も理解できることになる。素材を輸入してそれを造型加工したのではなく、精錬のはじめからわが国で行われていたとみてよいことになる。それは露天タタラによるきわめて原始的な方法であったろうが、弥生時代よりすでにわが国で製鉄が行われていたことは容易に推定し得るのである。

祭祀と古代文化

しかし鉄はなによりも酸素に弱い。空気と水の中に存在する酸素によって、鉄は酸化腐蝕して原型を遺さない。それゆえ考古学の対象としては、原型のまま出土する青銅器や土器に向けられ、弥生時代の鉄器のごときは研究しようにもできないのが実情である。まして文献による史学の立場では、記録に残っていなければ立証できないのであるから問題にならない。といってこのままではいつまでも古代の謎は解明できないばかりか、誤った解釈のまま、弥生時代の文化を理解することになる。

ところがここに祭祀があった。祭祀——すなわち神々の祭りは、太古以来行われてきた。祭りというものは、本来始源の状態を繰り返して伝承するもので、民族なり集団なりのもつ文化の原初的な姿をもっともよくもち伝えているものである。もちろん時代によって祭祀の形態にも変遷はあるが、核心となる部分は、太古の姿を現代にも伝えていることは少なくない。

たとえば、現在も行われている拍手して拝礼する作法は、『魏志倭人伝』にも記されている耶馬台国における日常の礼法であった。また山陰・山陽地方で祭礼に行われる八俣の大蛇退治の神楽は、はじめて開拓に従事した父祖の光栄ある想い出を再現しているのである。それゆえ祭祀の原型にさかのぼって、原像を明らかにすることによって、古代史の謎をもある程度解明することができる。わたしは日本古代の祭祀を研究して、そこから日本の文化の原質を探ることに努めてきた。

その場合、神話や民間伝承、神社の祭神や由緒、関係氏族や古い地名が手がかりになる。わたしは祭祀面からアプローチして、古層の文化を掘り起こそうとしたのである。それがわたしの祭祀学であった。祭祀学の立場で、古代の文化を解明するとどういうことになるのか?

稲つくりの祭祀

わが国の祭祀はそのほとんどが農耕祭祀である。「豊葦原の瑞穂国」という、稲の豊かな稔りに恵まれた国とすることを理想として、弥生時代以来、稲つくりを基調としてきたわが国の生産生活であったから、その中から生え抜いてきた祭祀——神々の祭りが農耕祭祀であるのは当然である。年穀の豊穣を祈る春の祈年祭、田植どきのお田植祭、雨や風の神の祭り、収穫に感謝し、かつ収穫した稲魂を神のみたましとしていただく新嘗の祭り等、いずれも農耕生活にかかわるものであった。

同時に記紀や風土記に描かれている神話も農耕による生産生活を反映している。スサノヲノミコトが乱暴して高天の原を追放されるという説話にしても、農耕社会の秩序を乱した罪によるものである。天孫降臨は、稲穂の赤らんでにぎにぎしく稔(みの)った姿を象徴する、ニニギノミコトという穀童の出誕であり、「斎庭(ゆにわ)の穂(いなほ)」(神聖な稲穂)、つまり天上の稲を地上に移し植えて、瑞穂の国の実現を希求する民族の切なる願いの反映であった。大国主命の国作りも、『風土記』にはスキを取って開墾を進めていく神の姿を躍如に描いている。神話も祭祀も、弥生時代以来の稲つくりによる農耕生活の中から生え抜いてきたことは疑うべくもなかった。

ところがわたしは、その稲つくりの蔭に鉄の文化があったことを発見したのである。それはどのような端緒から得たのであろうか。

オオナムチの神の名義

その頃（昭和五十一、二年）わたしはオオナムチの神について、この神の原初的な性格を考察していた。オオナムチの神は大国主命の名で、人びとにもっとも親しまれ敬われている神である。出雲大社にまつられるが、大和の三輪山をまつる大神神社もこの神である。

『出雲国造神賀詞』といって、出雲の国造が新任のとき、朝廷に出てきて出雲の神からのお祝の言葉を述べた中に、

> すなはち大穴持命の申したまはく、「皇御孫命の静まりまさむ大倭の国」と申して、己命の和魂を八咫の鏡に取り託けて、倭の大物主櫛𤭖玉命と名を称へて、大御和の神奈備に坐せ（中略）て、皇孫命の近き守り神と貢り置きて、八百丹杵築の宮に静まりましき。

とあって、オオナムチの神が、出雲の杵築にまつられるにあたって、自分の和魂を大物主と称して三輪山にまつったことが記されている。神話では、出雲地方は大きくとり扱われているが、出雲地方の開けたのは、考古学の上からは五世紀代以後とみられるのに対して、三輪山周辺には三、四世紀代の古墳が存在しているから、オオナムチの神の発祥地は出雲ではなく三輪山付近で、出雲の国造となった出雲氏の本貫の地も

三輪山西南の出雲という地で、オオナムチの神を奉じて出雲地方に移住したのであるとする説（田中卓氏）や、出雲は「神々の流竄の地」であるという説（梅原猛氏）もある。これをどう考えるかが大きな課題であった。

基本的にはオオナムチの「オオナ」は「大地」と解された。高天の原の神々を意味する「天神（あまつかみ）」に対して、出雲系の神々を「地祇（くにつかみ）」ということからも、それは理解できるが、それだけでは説明しきれないものがあった。たまたま、『古事記』では「大穴牟遅神」、『出雲国風土記』では「大穴持命」と紀す「穴」も、従来は借訓とみられていたが、西郷信綱氏や西宮一民氏によって「穴」を正字とみて、「偉大なる洞穴に坐す貴い神」という名義であることが提唱された。

「穴」に坐す神

オオナムチの神が、文字通り「洞穴に坐す神（人）」から連想された名義であるとするなら、古代祭祀において、少なくとも「穴」に神を祭ることがおこなわれていたとみなければならないが、その「穴」はなにか？　がわからなかった。『出雲国風土記』の出雲郡の条に「黄泉（よみ）の穴」の記事があって、出雲市猪目の洞窟遺跡がそれと推量されているが、その洞穴に祭った神がオオナムチの神であったかどうかは疑問であり、またそうであったとしても、この特定の「洞穴」により、一地方神をもって地域的限定性を超えた偉大な神格に及ぼすことは不当である。

つまり、「穴」が特定の洞穴でなく、各地でひとしく「穴」をもって神聖視し、ここに祭った神でなければならない。それはなにか？　ということであった。そうした問題に逢着していたとき、一社の社伝からこの謎を解くヒントを得たのである。その頃、わたしはいまだ神々と鉄との関わりなど思ってもいなかった。

一　鉄穴の神

中山神と物部肩野乙丸

岡山県津山市にある美作国一の宮、中山神社は、金山彦神を祭るが、もとはオオナムチの神を祭っていた。その社伝がおもしろい。

『中山神社縁由』その他によると、この地にはむかし物部肩野乙麿というものが、オオナムチの神を奉じて住んでいた。乙麿はもともと賭博が好きで、自負するところがあったが、あるとき狩に出たところ路傍にやつれた姿の老人がいて、手に骰子を跳らせて賭博を挑んだ。乙麿はもとより好きな道、馬を下りて相手になった。老人は土地を賭けようといい、乙麿は笑って承知し勝負をはじめた。ところが投ずること十数度に及んだが、そのたびに老人が勝ち、乙麿はたちまちのうちに土地を失なった。老人はじつは中山神（金山彦神）で、乙麿はその地を中山神に奉り、自らは久米郡香々美庄に移り住み、そこに仏教寺を営んだ。ここに内田屋敷があり、乙麿の旧跡であるという。

中山神社

物部肩野乙麿の開基と伝える仏教寺は、和銅六年（七一三）の建立で、同寺には「肩野物部廟」なる祠があり、廟前に土仏塚あり「肩野部経塚」と呼んでいる。

また内田屋敷と同地区の下神目字三樹山に志呂神社があり、『久米郡誌』によると、弓削連物部乙麿が和銅六年、吾が居住地を中山神社に寄付して、長良ケ嶽に鎮座の志呂神社を背負って来て神殿を建て、七か村とし、加賀美庄を弓削庄と改称して七か村とし、漸次開拓して二七か村としたという。

さらに乙麿に関係のある地に糘山（すくもやま）がある。糘山とは津山市桑下北方に聳える山で、むかし物部肩野がここに居宅を構えていたという伝承があり、長者屋敷の敷石が先年まであった由で、その跡に長者神社（明治末期貴布禰神社に合祀）があって、祭神は伊香我色乎命とされていた。

稼山はかねて七〇余か所に及ぶ製鉄遺跡のあることが知られていたが、近年完全な形の古代製鉄遺跡が発掘され、七世紀代のものと推定されることが報告されている。

ここに物部肩野乙丸なる人物が、オオナムチの神を奉じて製鉄に関わったことがうかがわれるのである。

そこで、物部肩野乙丸とはいかなる人物か、また弓削庄と改称したのはなぜかを調べてみた。

物部氏と弓削部

物部肩野連（もののべのかたののむらじ）の名は『新撰姓氏録』左京神別にみえ、「伊香我色乎（いかがしこを）の後」と知られる。『旧事本紀』の天孫本紀には饒速日命（にぎはやひのみこと）十四世孫に、物部守屋大連らと並んで物部臣竹連があり、「肩野連・宇遅部連等の祖」と記されている。したがって伝説上の人物である「物部肩野乙丸」とは「物部肩野連」という実在の氏族の人物であったことが判明する。

物部肩野乙丸は、中山神社の位置に住したが、中山神が現われるにおよんで加賀美庄に退いた。ここは弓削庄といい、久米郡内にあり『倭名抄』にも記されている。弓削庄といえば、河内国若江郡にもみえ、そこに弓削神社二座（並大、月次・相嘗・新嘗）が存する。可美麻治命（うましまじのみこと）・饒速日命（にぎはやひのみこと）、つまり物部氏の祖神をまつる。弓削宿禰（ゆげのすくね）は『新撰姓氏録』左京神別に「神饒速日命の後」と知られ、『日本書紀』垂仁天皇三十九年十月の条には五十瓊敷命（いにしきのみこと）に命じて石上神宮に神宝をつかさどらしめられたときの一〇箇の品部の中に「神弓削部」の名がみえる。ようするに弓削部は物部の族であった。

美作の弓削部については、さらに雄略天皇紀七年八月条に、吉備国の弓削部の虚空（おおぞら）という者が中央に官者（とねり）として出仕していたが、にわかに家に帰ったところ、吉備下道臣前津屋という者が虚空を留めて京に帰さなかったので、天皇が使を遣わして召されたところ、虚空は前津屋が天皇を呪詛していることを告げたので、物部の兵三十人を遣わして前津屋を誅せしめられた、という記事がある。

和銅六年分国以前の美作の地は吉備国であったから、この地の弓削部と考えて差支えない。弓削部は弓矢の製作に従事したのであろうが、じつは弓矢は産鉄・製鉄と深く関わりがある。このことについては後述するが、五・六世紀において美作の製鉄集団を支配したのは物部氏であったとみられる。そして、この物部氏の奉祀したのがオオナムチの神であったことが、中山神社の鎮座次第からうかがわれるのである。

中山神社

中山神社は、慶雲三年（七〇六）あるいは同四年の鎮座と伝え、この地方における製鉄関係者の信仰の中心であった。催馬楽に「真金吹く吉備の中山云々」とうたわれる「吉備の中山」はここであることは、折口信夫・池田弥三郎・山本健吉氏らが示唆され、八木意知男氏が論証している（「吉備中山覚書」『美作女子大学紀要』21）。「中山」とは、中国において鉄の生産を伝える『山海経』なる経典の中の「五蔵山経」が、南山経・西山経・北山経・東山経・中山経の五篇で構成されていて、中でも中山経は出鉄・製鉄の中心として描かれており、中山経の世界が、産鉄の世界をあらわしたことによるものであろうとする（窪田蔵郎氏『鉄の考古学』）。中山神を祭る神社は、美濃国に仲山金山彦神社がある。南宮大社とも称するが、その名が示すように金山彦神にほかならない。

金山彦神の出現

金山彦神は、『古事記』によると、イザナミノミコトが火の神カグツチを生んだことによって病み臥やし、吐に生りました神として金山毘古・金山毘売をあげている。

この描写は灼熱の熔鉄を神格化したものであろう。『日本書紀』では第四の一書にみえる。記紀とも木・火・土・水の神とともに出現したことが描かれているから、五行思想の影響がみられ、したがってこの神の構想されたのは、七世紀代のこととみられる。

中山神社と物部氏

「真金吹く吉備の中山」という中山神社が製鉄の神であったことは、この神社をとりまくようにして流れる鵜ノ羽川より鉄滓が見出されたという現地の古老の証言があり、この付近に「金山谷」「金山谷口」の小字名が残っているほか、方数里という乙麿屋敷の域内に入る小原地区に「金屎」の小字も在ることによって証することができる。さらに乙麿の移住したという稼山から製鉄遺跡が発見されたのであるから、ここに製鉄の行われたことは明らかである。そうしたことによって、判明したところを要約すると、次のとおりである。

(1) 美作国において、製鉄集団を部民として支配したのは物部氏であった。
(2) 物部氏は、はじめオオナムチの神を奉じて中山神社付近に住したというから、オオナムチの神が製鉄の神としてまつられていた。

(3) 物部氏がこの地の製鉄の部民を支配したのは、弓削部虚空の所伝や、「天孫本紀」の肩野連の出自からみて、六世紀代のこととしてよい。

(4) 中山神社の鎮座は慶雲年間と伝えるから中山神（金山彦神）がまつられたのは八世紀初頭である。金山彦神が構想されたのは七世紀代のこととみられるから、この見解は妥当であろう。

(5) 中山神が現われるにおよんで、物部氏は加賀美庄（弓削庄）に移住した。これは律令制の施行によって鉄砂の採掘権が収公されたことを意味している。

と、おおむね以上のような推定が成り立つ。

ところで中山神が現われる以前、オオナムチの神は物部氏によって祭られていたのであり、物部肩野連はオオナムチの神を奉じて製鉄の部民を支配していたのである。物部氏は祖神をニギハヤヒノミコトとするにもかかわらず、オオナムチの神を奉じていたことになる。この点をどのように考えればよいのか、という問題がある。

伊福部臣氏

物部氏の祖神であるニギハヤヒノミコト（饒速日命）は火から構想された神格とみる説は早くからあり、「天孫本紀」によると、尾張氏の祖神である火明命を、「天照国照彦天火明櫛玉饒速日命」と記していて、火明命とニギハヤヒノミコトが同神のようになっている。しかもここに注目すべきものとして、因幡国法美郡の郡領伊福部臣の系図がある。『因幡国伊福部臣古志』と題するもので、これは田中卓氏がはじめてとり上げられ、大野雍熙氏が全文を紹介し、さらに佐伯有清氏が伊福部実氏の蔵される原本を紹介された（『古代氏族の系図』学生社、昭和五〇年）。それによって伊福部臣系図の概略を図示すると次のとおりである。

（第一）大己貴命—（第二）五十研丹穂命—（第三）健耳丹穂命—（第四）伊勢丹穂命（天丹戈命・荒田磯丹穂命・天日桙乃命）—（第五）天沼名桙命—（第六）天孫桙命

（第七）荒木臣命—（第八）櫛玉饒速日命—（第九）可美真手命—（第十）彦湯支命—（第十一）出雲色雄命—（第十二）内色雄命

（第十三）伊香色雄命—（第十四）武牟口命—（第十五）意布美宿禰—（第十六）伊其和斯彦宿禰—（第十七）健火屋宿禰

（第十八）阿良加宿禰命—（第十九）汗麻宿禰命—（第廿）若子臣—（第廿一）馬養臣—（第廿二）爾波臣—（第廿三）阿佐臣—（第廿四）颶飄臣

（第廿五）小智久遅良臣—（第廿六）大乙上都牟自臣

右の系図中に火明命の名がみえないが、じつは第二代の「五十研丹穂命（いきしにぎほのみこと）」というのが、「天孫本紀」に「天照国照彦天火明饒速日命」の別名としてあげる「胆杵磯丹杵（いきしにぎ）穂命（ほのみこと）」に通じるから、この神は火明命にほかならないと知られる。しかもさらに始祖を大己貴命とし、また第八代の祖に「櫛玉饒速日命」の名がみえる。伊福部（廬城部・五百木部）氏は『新撰姓氏録』によると、

伊福部宿禰　尾張連と同祖、火明命の後なり。

とあり、尾張氏と同族であることが知られるが、ここに大己貴命や饒速日命とも一系につながっているとする所伝のあることは見逃せない。たんに出自に混乱があるとか、造作であるとしてかたづけてしまうわけにはいかない問題である。

オオナムチの神と火明命

ところが、さらにオオナムチの神と火明命の関係を示す注目すべき所伝のあることに気がついた。『播磨国風土記』餝磨郡伊和里の項に、

昔、大汝命（おおなむちのみこと）のみ子、火明命云々

とあり、火明命はオオナムチの神の子神となっていることである。さらに出石神社所蔵の文書に『丹後国風土記』の逸文があって、それには、

志楽郷（しらくのさと）

志楽と号くる所以は、むかし少彦名命・大穴持命、治らしし天下を巡り覧たまひし時に当りて、悉に此国を巡り行き畢り、更に高志国に到り坐しし時、天火明神を召し詔りして、汝命は此の国を領はくべしと、火明命大く歓喜びて、我が国を青雲のしらく国と曰ふ。故れ志楽といふ。

二石崎

二石崎とは、古老伝へて曰く、むかし天下を平むけ治らしし時に当り、大己貴命、少彦名命と此の地に到り坐して、二はしらの神相議り坐し、白黒の鉄砂を把り、天火明命に白さしめて詔りして、此の石は是れ吾が今の霊なり。汝命、よろしく我が二神の霊を此の地に奉祭るべしとのたまふ。（田中卓氏校訂による）

との記事がある。

これによれば、火明命が高志（越）国を領したのは、オオナムチの神の詔りによるもので、とくにオオナムチ・スクナヒコナの二神が「白黒の鉄砂」を得たので、これを「二神の霊」として、火明命をして奉祭せしめられたことが述べられている。つまり、尾張氏が越国を領するについては、オオナムチの神を奉じたこと、また「白黒の鉄砂」を、オオナムチ・スクナヒコナ二神の霊として奉祭したことを示唆するのである。しかも一方においては、オオナムチの神を始祖とし、火明命をその子として記す

『伊福部臣古志』のような所伝があり、火明命とニギハヤヒノミコトが同神であるかのごとき「天孫本紀」の記載もあるから、火明命を祖とする尾張氏がオオナムチの神を奉じ、かつ物部氏ともつながっていたことが判明するのである。

少なくとも、オオナムチの神が産鉄・製鉄に関わっていたことは確かである。

それではこの神のそもそもの発祥地と思われる出雲国ではどうか。『出雲国風土記』を調べてみよう。

出雲国のオオナムチの神

『出雲国風土記』には、「天（あめ）の下造（したつく）らしし大神、大穴持命（おおなもちのみこと）」として、オオナムチの神の説話が頻出する。しかしこの神をまつる杵築大社（出雲大社）の所在する出雲郡には二例しかなく、むしろ東出雲の意宇・大原・仁多の三郡および西出雲の神門・飯石二郡に多く、全体の二一例中、一八例までが山間部を中心に分布している。

こうしたことによって水野祐氏は、オオナムチの神は記紀神話では農耕神としての性格で描かれているが、出雲におけるこの神は本来狩猟神として現われ、この狩猟神が大原郡のまつろわぬ八十神たちを征伐して、東出雲の意宇・大原・仁多の三郡の地を統合し、やがて西出雲の地を統合していったとされる。オオナムチの神が山間部に

出雲大社本殿

発祥してしだいに海岸に近い平野部におよんでいったとされる点は認められるが、この神を狩猟神とする証拠はどこにもない。

『出雲国風土記』をこまかくみると、飯石郡の「波多の小川」「飯石の小川」の項に「鉄あり」と記し、仁多郡でも「以上の諸郷より出すところの鉄堅くして、尤も雑の具を造るに堪ふ」とあって、各所に鉄を産することを示している。事実、出雲は砂鉄の豊富な地である。とくにオオナムチの神の説話の多い意宇・大原・仁多・神門・飯石・出雲の各郡は砂鉄を多く産出した。オオナムチの神はこの砂鉄を擁して山間部より平野部におよんでいった、とみ

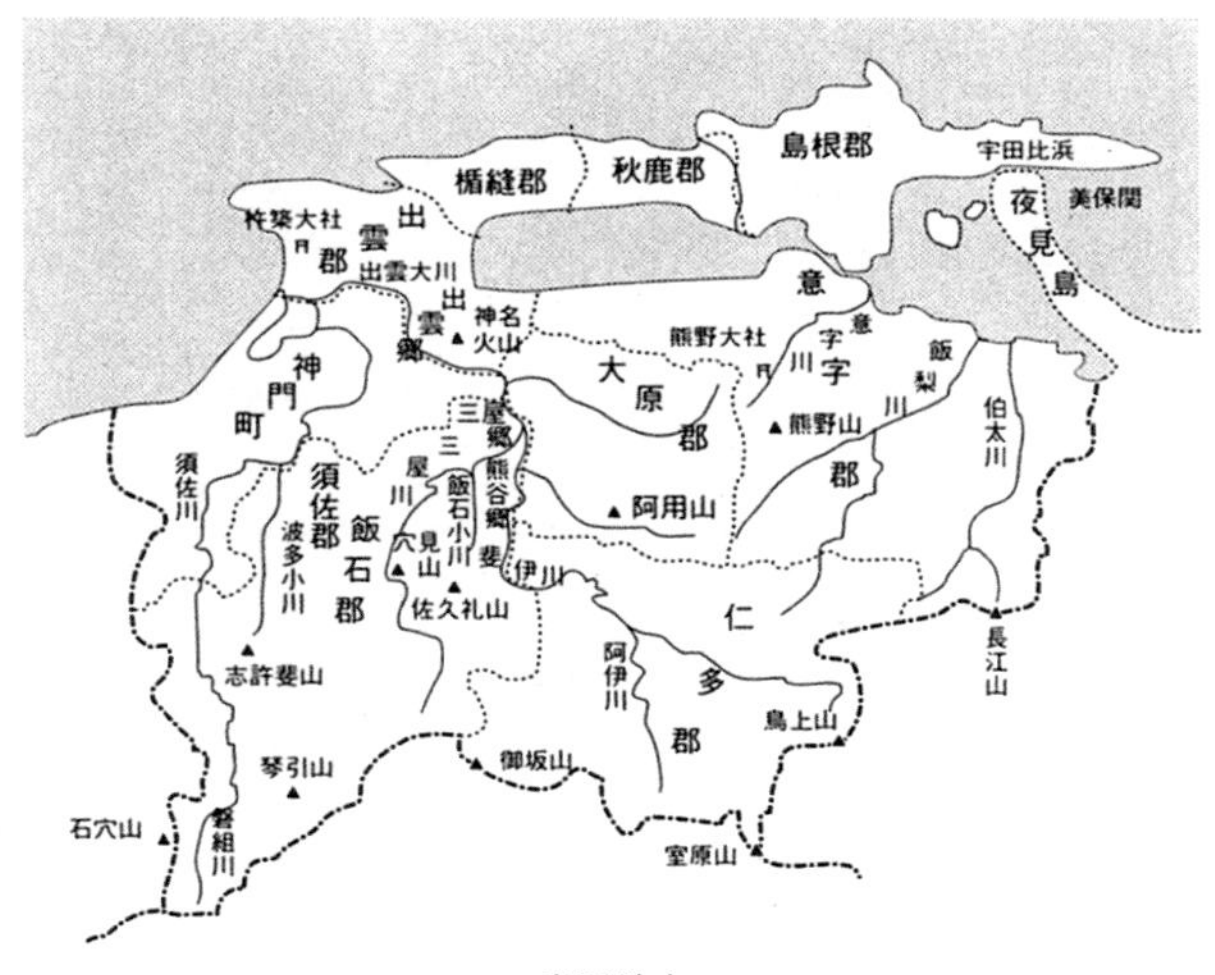

出雲地方

ることができる。

オオナムチの神はまた己が魂を三輪山にまつったともしている。三輪山こそがオオナムチの神の発祥地とも目される。三輪山とはどんな山であろうか。

三輪山

三輪山は秀麗な山容によって、大和一円の人びとに神の山として崇敬をあつめてきた。この山を神体山とする大神(おおみわ)神社は、いまも拝殿はあるが本殿はなく、山そのものが神として祭られている。しかもこの山の周辺には崇神天皇の磯(し)城(き)の瑞垣宮、垂仁天皇の纏向(まきむく)の珠(たま)

城宮をはじめ古代の宮室が営まれ、また箸墓をはじめ柳本古墳群にみられる前方後円の大古墳が多い。それも四世紀代に編年されている。三輪山の秀麗な姿は、まさに神の坐す山として仰ぐにふさわしいが、そればかりであろうか。わたしは数度にわたって登拝したところによると、明らかに鉄分の多いはんれい岩から成っている山である。

樋口清之氏によると、この山の山麓扇状地ははんれい岩の風化によってできた灰黄色粘土混りの細砂からなり、中に多数の雲母と含鉄石英砂が混在し、鉄分の多いはんれい岩の部分は酸化発色しているが、これから鉄の製錬は可能であるといわれる。

事実、三輪山西南麓には金屋遺跡があり、ここからは前期縄文土器が発見されていて、もっとも早く拓けたところと判明するが、注目すべきは、弥生時代の遺物とともに、同層位から鉄滓や吹子の火口、焼土が出土していることである。鉄滓は製鉄時にできる文字どおりの鉄の滓であるから、それが発見されるということは、かならずその付近で、製鉄が行われていたことを示すわけで、だからこそ「金屋」と称したのであろう。また山本博氏によると、三輪山の山ノ神遺跡からも刀剣片と思われる鉄片が出土し、穴師兵主には鉄工の跡がみられるという。

したがって、三輪山が古代の鉄生産に関わる山であり、この山を神体山とする大神神社の祭神、倭大物主櫛𤭖玉命、すなわちオオナムチの神が、産鉄製鉄に関わる神で

三輪山

あることは実証できることになる。

鉄穴山（かなやま）

砂鉄による製錬は、まず鉄砂をふくむ山を選ぶことからはじまった。この鉄砂をふくむ山を「鉄穴山（かなやま）」といい、砂鉄を採る作業を「鉄穴流し（かんなながし）」といい、そこで働く人びとを「鉄穴師（かなじ）」と呼ぶ。

鉄穴師は砂鉄分の多い削りやすい崖を選んで山から水をひき、崖を切り崩して土砂を水流によって押し流し、砂鉄を含んだ濁水は流し去り、重い鉄砂は沈むからこれを採ってタタラ炉に入れて製錬する。

「鉄穴」の語は『続日本紀』の左の記事にみえる。

○四品志紀親王に近江国の鉄穴を賜ふ。（大宝三年九月三日）
○近江の国司をして有勢の家は専ら鉄穴を貪り、貧賤の民は採り用ふることを得ざることを禁断せしむ。（天平十四年十二月十七日）
○大師藤原恵美朝臣押勝に近江国浅井・高嶋二郡の鉄穴各一処を賜ふ。（天平宝字六年二月二十五日）

この「鉄穴（かなな）」はいずれも「鉄穴山（かなやま）」、すなわち砂鉄の採取地を意味する。このことを教示されたのは西宮一民氏で、氏は次のような新見を提示して私説を補強された。

穴穂・穴太・穴生

『古事記』允恭天皇の段に「軽箭」と「穴穂箭」の語があってともに軽太子と穴穂御子（のちの安康天皇）の名に因んでの説話であるが、その説明に「軽箭」は「箭の内を銅にせり、かれその矢を号（なつ）けて軽箭といふ」とあり、「穴穂箭」は「今時（いま）の矢ぞ」とあるのは、軽箭とは鏃が銅製の矢であり、「穴穂箭」の鏃は鉄製であることを意味している。したがって「穴穂」の「穴」は「鉄穴」の意、「穂」は「その秀でたもの」の意で砂鉄をさす。

「穴生」「穴太」いずれも産鉄地であり、吉野の「賀名生（あのう）」も地名の由来は「鉄生」

である。「穴師」は砂鉄採掘の技術者、「穴太部」は産鉄の部民名である。

かくして「穴」は「鉄穴」の意から「鉄」の意に用いられるほど限定して用いられていたから、「大穴牟遅」は「偉大な鉄穴の貴人」との説が成り立ち得る、ということであった。オオナムチの神は、その発祥において「鉄穴」の神、つまり産鉄の神として、三輪山に斎(いつ)き祭られたのである。

三輪山は大和の住民にとっては、農耕に必要な水をもたらすと同時に、農耕を推進する鉄製器具の原材料たる砂鉄を産する山であった。その秀麗な山容にもまして、実生活に密接なかかわりのある存在であった。自然の事象が、そのもののほかに何らかの神秘的な呪力をもっているとか、神霊の宿すところとかのために神聖視するのは、多少とも反省の加わった一種の神学であって、原初的な宗教信仰では、もっと直接に事象そのものをそのまま神聖視した。大和の民が三輪山を神聖視したのは、その秀麗な山容もさることながら、その山麓に営む水稲耕作に不可欠な鉄製品の原料たる砂鉄を産する山であったからである。

いまだ職業が分化されておらず、ひとしく農耕に従事した太古の民にとって、鉄はもっとも貴重なシロモノであったから、この原料を産する鉄穴山を神格視したとしても不思議ではない。むしろ、原初の農耕社会にあっては、もっとも有用な、実生活と結びついた神であったはずである。

大田田根子

三輪山にまつるオオナムチの神、すなわち大物主神が産鉄の神であったとすると、崇神天皇紀七年の条にこの神を祭る主(かむぬし)に大田田根子をもってしたというのは重大な問題を示唆していることになる。大田田根子は河内の陶邑(すえむら)から連れて来られた。陶邑は土器を焼成した地である。初期製鉄は弥生式土器の焼成と同様な方法で為(な)されたと察せられるから、陶邑の土器の製作に精通している者であってこそ、はじめて三輪山の祭祀を為し得たのである。オオタタネコとは、タタラの神ないしタタラを扱う人の意であろう。このことは土師氏が出雲臣系であることとも関係がある。出雲大社にオオナムチの神の祭祀を奉仕する出雲国造は天穂日命を祖とする出雲臣であるが、『日本書紀』には天穂日命を注して「是れ出雲臣、土師連等の祖なり」とあり、垂仁天皇紀三十二年七月の条には、野見宿禰が埴輪を作った記事に、出雲の土部壱百人をめし上げて埴を取り埴輪を作ったこと、その功によって「鍛地(かたしところ)」を賜い、土部職(はじのつかさ)に任(ま)け、姓を改めて土部臣(はじべのおみ)としたこと等が記されている。『新撰姓氏録』にも土師臣宿禰、出雲臣はともに「天穂日命の後」とみえる。こうした関係は偶然でもなければ造作でもなく、出雲の神も、三輪の神もともに「鉄穴」の神であったことを示唆するものであろう。

大和における水稲耕作は、三輪山西南麓の初瀬川流域の扇状地よりはじまったが、そこに金屋遺跡があり、出雲氏本貫の地も、同地域の初瀬の朝倉付近に求める説もあるから、オオナムチの神を祭ったこの地の農耕の民が、鉄製のスキ・クワをもって水稲耕作を推し進めたものと解される。ただし鉄は酸化腐蝕するから考古学の対象となる遺物として発見されることがないのはとうぜんである。しかし唐古遺跡から発見された農具が、鉄製利器によって製作されたことは明らかであることからも、弥生時代に鉄製品が用いられていたことは証される。斎(いみ)スキを象徴するアジスキタカヒコネの神がオオナムチの神の子神にあたるのもそのゆえであろう。

鉄穴流し

『出雲国風土記』では「天下造らしし大神、大穴持命」として語られるところは、そのはじめ山間部に分布し、しだいに平野部におよんでいったとしても、それが狩猟神として現われたのではなく、鉄製のスキ・クワによる農耕が、産鉄地付近より、しだいに海岸平野部におよんでいったことを示すものであった。意宇郡出雲神戸の項に

「五百つ鉏（すき）の鉏なほ取り取らして天の下造らしし大穴持命」と表現しているのは、この神の性格を如実にあらわしている。

それとともに「鉄穴流し」による砂鉄の採取自体が国づくりとなったことは見逃すことができない。鉄穴山の崖を削って、水流によって土砂を流し、砂鉄は比重により選鉱するが、流れた土砂は湿原の干拓に利することになる。水田が「鉄穴流し」によって荒らされ、製鉄の民と農耕の民の利害が衝突するのは、職業の文化が生じ、完成した水田に土砂が流れこむことによるもので、当初農耕の民が自ら製鉄を行った段階では、「鉄穴流し」はそのまま国づくりとなったのである。オオナムチの神を「天の下造らしし大神」とするゆえんである。要するにオオナムチの神の原初的性格は「鉄穴」の神、すなわち産鉄の神であったとすることができる。

〝モノ〟の語義

崇神天皇紀七年の条には大物主神（オオナムチの神）の祭祀は大田田根子をもって行わしめられたが、物部氏の祖である伊香我色雄（いかがしこを）に命じて、物部の八十平瓮をもって、神祭りの物としたことがみえる。つまり大物主神の祭祀に物部氏が関与しているのである。さきに物部氏がオオナムチの神の祭祀に関与していることを述べたが、ここでもそのことがうかがわれる。物部の〝モノ〟は、大物主神の〝モノ〟から生じた名であるという説もある。〝モノ〟とは本来いかなる意であったのであろうか。

大物主神、あるいは物部の〝モノ〟については、従来次の三つの意義が認められている。

① モノノフ　武士の意
② モノノグ　物具、武器の意
③ モノノケ　精霊、鬼神の意

大野晋氏によると、〝モノ〟の語義は第一義的には物体をあらわす言葉であり、そこから逃れがたい法則とか、事実とかをさすようになり、同時に人間に対して祟りをする存在として「モノノケ」「ものにおそわる」等の言葉であらわされる精霊とか魔物とかを指すようになったということである。そうすると、大物主神、あるいは物部の〝モノ〟は第一義的な物体をあらわす言葉として、何らかの対象物、物体を指して〝モノ〟といい、やがてそれにひそむ霊的存在を指して〝モノ〟とし、怖るべき霊魂を〝モノ〟と称することになったと考えられる。したがって〝モノ〟に強い霊力を認めるのは、元来の物体としての〝モノ〟にひそむ霊的存在を認識した古代人の観念により発展した二次的意義である。

しからば何らかの物体としての〝モノ〟に相当する具体的存在があったのか。あったとすれば、その〝モノ〟は万般の対象物の根源的存在でなければならない。〝モノ〟は事物一般を指す語となったのであるから、そのはじめ個別的な存在であっても、万般の根源的存在となる〝モノ〟であったはずである。しかもその〝モノ〟に畏怖すべき霊魂が認められる、それはいったい何であろうか。

〝モノ〟とは万般の事物を指す語であるが、そのはじめ具体的な物体を指していったとするなら、それは〝鉄〟にほかならなかった。鉄は農工具のみならず武器ともなった。農耕生産にあたっては、スキ・クワに用いて有用であり、いったん戦闘ともなれば武器として強力な得物であった。その原材料たる砂鉄は、まさしく万般の〝モノ〟の根源的存在であった。〝モノ〟は、個別的な形をもって存在するものを根柢において支え、これを統一する存在とみられる。このいっさいの〝モノ〟を統一する存在として、霊的なものが考えられるが、その霊的存在（デーモン）を見出すに足る具体的存在がなければならない。鉄こそは、その根源的な、しかも具体的存在としての〝モノ〟にほかならなかったのである。

大物主神と物部

大物主神の〝モノ〟にしても、物部の〝モノ〟にしても、その発祥は鉄であった。しかもこの鉄こそは不思議なシロモノで、農耕生産という平和的用途に有用であると同時に、剣や鏃の鋭利な刃物、武器ともなって殺傷する威力をもち、畏怖すべきデーモンを認めるのはきわめて自然であり、鉄を意味した〝モノ〟という語が、一種の霊格の汎称となるのも理のとうぜんであった。

こうして大物主神は霊的存在をさしていうことになり、オオナムチの神は「鉄穴」の神から、この神を祭る人、または鉄を採り製錬する人に対する反省が加わって、「偉大なる、わが貴い人」との意をもつ「大己貴命」「大汝神」と表記されるようになったものと考えられる。また元来が鉄より発想された神であるから「八千矛神」という多くの武器を意味する神名を生じ、製鉄の過程で生じる醜い状態の可鍛鉄ないし鉄滓より、「葦原醜男」なる名称が生じたのである。

さらに〝モノ〟すなわち武器＝神宝を納めた石上神宮を管理する氏族が「モノノベ」を称し、「モノノベ」が「モノノフ」の意となったのももっともである。鉄、すなわち武器を管理することはとうぜん軍事的職掌をもつことにほかならず、物部氏の活躍が主として軍事的氏族として歴史にあらわれるについては、この氏族が全国的にかなりの範囲にわたって製鉄の部民を支配していた事実にもとづくものである。同時に砂や土から鉄を採って製錬するのは特殊な呪術の伝承者と思われた。物部氏が祭祀氏族でもあったゆえんである。

三輪山に奉斎する「倭大物主櫛瓱魂命」は、元来が具体的存在としての鉄を意味した〝モノ〟から、その〝モノ〟にひそむ霊魂を指し、その強い霊能により、邪霊の襲いかかるのを防ぐ霊的存在ともなった。また物部氏の氏神とする石上神宮に祭るフツノミタマの剣は、悪霊を断ち切る霊力をもつ剣であることを意味する。

オオナムチの神の性格

オオナムチの神は、またその現実的行動により大国主命という名を生じ、国土開拓の神として記紀の説話に展開するが、その始源にさかのぼれば、砂鉄を採取する「鉄穴」より発想された「大穴牟遲」「大穴持」に原初的性格をみることができる。

しかし、オオナムチの神を奉じて産鉄に従い、農耕の推進をはかった倭鍛冶らの土着の民の生産技術は、やがて海彼渡来の新しい技術によって革新がなされることになり、オオナムチの神によって象徴された文化は、古層の文化としてしだいに埋没する運命となる。とくに四世紀後半より五世紀にかけて韓鍛冶の渡来による技術革新と職業の分化によって、製鉄に専従する部民と、それを管掌する氏族をも生じるが、オオナムチの神はそれら製鉄氏族と農耕の民の共通の奉斎神として普遍的な神となった。

しかし、やがて律令制の施行とともに特定氏族の管掌した製鉄の部民は収公せられることになり、それとともに製鉄一般の神として、金山彦神が構想され、「鉄穴」から発想されたオオナムチの神の製鉄に関与したかつての性格は忘れ去られたのであった。

二　鈴(すず)と鐸(さなぎ)

南宮大社

金山彦神を祭る神社は、美濃国の仲山金山彦神社（名神大）があることは前章に述べた。南宮大社と称し、金山彦神・彦火々出見命・見野命を祭るが、古来、製鉄関係業者の尊崇をあつめ、境内には鉱山金属業者より奉納された鉱石を陳列していて、製鉄冶金の神であることを示している。

本殿の右側後方の玉垣内西南隅には「曳常泉(ひきとこのいずみ)」の旧跡があり、その南方に玉垣を隔てて末社金床・金敷社があり、背後に一は舟型、一は平板な巨石があって、これを御神体としている。熔鉄の凝結に用いられたものと思われ、「曳常泉」は熔鉄の冷却に有用であったと察せられる。

日守長者

南宮大社の北方約一キロの地は「日守」と称し、「日守長者」の居住地との伝承が

南宮大社

あり、同社宇都宮敢宮司の教示によると、その付近より鉄滓がしばしば発見されている由で、しかも伊吹おろしの風が強く、冬は傘をさして歩けないほどであるというから、ここはおそらくタタラ炉以前の自然風に頼った原始的製鉄の頃より引続いて製鉄を行っていたところであろう。「日守」とは「火守」すなわちタタラ炉の火を守る意で、「日守長者」とは、「火守」の長（おさ）、すなわち製鉄技術者集団をたばね、製鉄によって大をなした氏族の長であったのであろう。「日守」を「火守」とすることは、上代特殊仮名遣いの上からいうと「日」は甲類の〈ヒ（hi）〉であるのに対して、「火」は乙類の〈ヒ（hï）〉であるから、「日」と「火」は別個の概念であるが、「火」の根源は太陽の霊格である「日」とする観念もあり、また後述するが、古代の製鉄民は日神祭祀と関わりがあったから、「日守」は「火守」であるとともに、古代製鉄に関わりある日神祠の司祭でもあったとみてよい。

「日守」の地よりさらに北へ約一キロの地に南宮大社の御旅所がある。御旅所はいうならば南宮大社の神威のよみがえりを願うミアレ所で、毎年五月五日の例祭に際して神輿渡御あり、還幸の途次「還幸舞（かんこまい）」が行われる。

南方の柱

『鉄山必用記事』という、近世の製鉄技術の記録を集成した文献に、金屋子神の祭文が載っていて、それによると、製鉄のタタラ炉の高殿の四本の押立柱の南の方に金山彦神を祭ることが記されている。古来、製鉄民の間では、高殿の四本の押立柱の中でも南方の柱をもっとも神聖視し、ここに金屋子神（金山彦神）を祭ったのである。これは五行思想による。五行思想では南は火の神の座で、金の神は西に配されるが、火を用いて金を精錬するのであるから、火の神の座に金の神を祭るものと解される。つまり「南宮」とは、製鉄の神の座としての南の宮を意味するのである。

『梁塵秘抄』には、

> 南宮の本山は　信濃国とぞ承る　さぞ申す　美濃国には中の宮　伊賀国には稚き(おさな)児の宮（巻第二、二六三）

とあって「中の宮」がすなわち南宮大社、仲山金山彦神社であるが、ほかに信濃国と伊賀国にも南宮のあることが知られる。

敢国神社と大彦命

伊賀国の稚き児の宮とは上野市の敢国(あえくに)神社にほかならない。大彦命・金山毘売神・少彦名神を祭る。大彦命は阿倍（阿閇）氏の祖で、崇神天皇のとき四道将軍の一として北陸に派遣された人物で、後裔の阿倍氏は金屋子神の祭祀に与り、鉄山を管理した氏族である。先年、稲荷山古墳から発見された鉄刀の銘文にみえる「乎獲居(をわけ)の臣(おみ)の上(かみつ)祖(おや)、名は意冨比垝(おほひこ)」とある「意冨比垝」は、大彦命に比定されている。

敢国神社の東約一キロには大彦命を葬ったと伝える御墓山古墳があり、付近の地は「佐那具(さなぐ)」と称する。このことは後述の鐸(さなぎ)に関係があるが、しばらくおく。

上野市わき塚古墳からスキ・クワを出土している上、伊賀国には帰化系の金作部の定着していたことが『続日本紀』養老六年三月辛亥の条によって知られるから、ここも製鉄神であることは間違いない。「稚き児の宮」というのは少彦名神をいうのであろう。少彦名神はオオナムチの神と相並んで国作りをした神であるが、手の俣から漏れ落ちた微少な上、粟殻にはじかれたのであるから、鉄砂の性質をあらわしている。

前章に述べた『丹後国風土記』に、「白黒の鉄砂」をもって、オオナムチ・スクナヒコナ二神の霊石としたというのもうなずける。したがって、「稚き児の宮」というのはスクナヒコナの神の姿によって称されたものであろう。製鉄神一般を金屋子神というのも、スクナヒコナの神の極微な姿を反映していると考えられる。

いずれにしても南宮と称した敢国神社は製鉄に関わる神であった。

南宮の本山

「南宮の本山」は信濃国という。信濃の諏訪大社が「南宮」とも称したことは知られているが、『吾妻鏡』文治二年三月十二日の条にも「諏訪南宮上下社」とあり、『延喜式』には「南方刀美神社」とし、『続日本後紀』承和九年五月の条にも「南方刀美神」とある。祭神タケミナカタ（建御名方）の神というのも、「ミナカタ」は「南方」の意から解き明かさねばならないことにおもいいたる。従来「ミナカタ」は「水潟」、あるいは「南県」とする説があった。「水潟」は諏訪湖の水の潟とするもの、「南県」は

諏訪大社上社

国府の南にあるからとする説であるが、いずれも、美濃や伊賀の南宮にも共通する性格ではないから、「水潟」「南県」説は失当である。ところが、諏訪大社には鉄鐸が蔵されていて、古代製鉄に関与した神であることが判明するのである。

鉄鐸と湛神事

鉄鐸は諏訪大社上社に伝世されていて、六口を一組として三組あり、かつては上社年中最大の祭りである「御立産神事（みたてましじんじ）」に際して神使の行く先々の「湛（たたえ）」でこれを用いて祭祀が行われた。「湛神事」ともいう。

中世の文献で同社の縁起を記した『諏訪大明神絵詞』によると、三月初午の日、

諏訪大社の鉄鐸

外県に出向する神使二人が出発し、さらに初酉の日、二人ずつ二組が出発し、それぞれ各郷村を巡って寅日に帰参、翌卯日に弓の射礼があることになっている。神使の出立に際して、鉄鐸は錦の袋に入れて頸にかけ、また「御杖」につけたとしている。「御杖」とは鉾である。神使は行く先々の「湛」で鉄鐸を鉾につけて振り鳴らした。

「湛」とは「七木のタタエ」で総称される桜タタエ・檀タタエ・峯タタエ・松タタエ・栃タタエ・柳タタエ・檜タタエで、いずれも樹叢である。しかも湛のある村は沖積層上の低地性の村で、「湛」は、往古は湖沼ないし、湿原に面した山腹の傾斜地に位置している。

藤森栄一氏は「湛」とは文字通り、水を湛えたところと解された。それはそのとおりと思うが、藤森氏はここで鉄鐸が湛神事に重要な役割を占めていることを指摘され

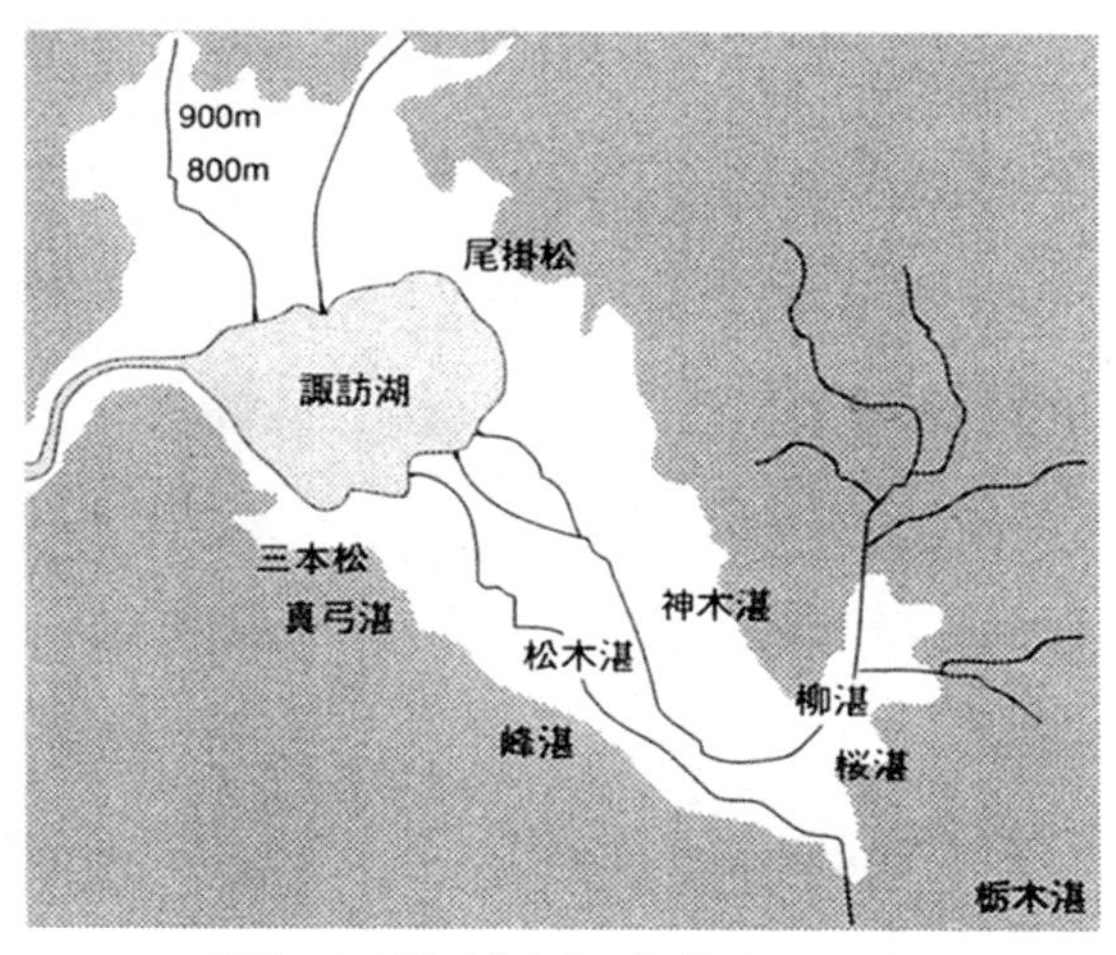

諏訪の七木湛（藤森栄一著『銅鐸』より）

ていながら、神使がこれを振り鳴らして行った祭祀は農耕の何かの誓約のしるしであろうとされた。

藤森氏によれば、鉄鐸は銅鐸の末裔であり、初期の銅鐸は、この鉄鐸と同じように農耕と水に関する誓約のために振られてそのまま埋蔵したが、終末期のある時期に政治的な事情で残余のすべてを隠匿した中で、唯一の残存者が諏訪の鉄鐸であると説かれる（『銅鐸』学生社）。

しかし、鉄鐸にしても銅鐸にしても、何かの誓約のしるしとして振られたというのは、藤森氏の想像に過ぎない。銅鐸を隠匿のために地中に埋めたというのも栗田寛博士以来の想像で、その証拠もない。

着鐸の矛

鉄鐸と鉾は塩尻市の小野神社にも蔵されていて、ふだんは神体と同様、殿内に納めて他見を許さないが、七年目ごとの御柱に際しては拝観を許され、わたしも昭和五十六年の御柱祭に際して案内をうけた。同社宇治橋宮司の好意によるもので、ご子息の宇治橋淳氏は皇学館大学の卒業生であり、父宮司をたすけて禰宜として奉仕するほか、自らも兼務社をもつ身で、当日はいそがしい中を送り迎えから接遇の一切をひきうけてくれた。例祭に参列の上、「神代鉾」と称する鉾を拝観した。鉾は長さ一尺、柄の長さ五尺三寸、全長六尺三寸で、これに多数の麻緒をかけた根もとに鉄鐸をとりつけている。小野神社に十一口が現存し、上伊那郡辰野町の矢彦神社にも三口が現存しているという。

ここで想起されるのは、天岩戸がくれの神話で、アメノウズメノミコト（天鈿女命）が舞ったという神楽である。『古語拾遺』には「着鐸の矛」とある。

天鈿女命をして真辟葛(まさきのかづら)を以て鬘と為し、蘿葛(ひかげ)を以て手繦(たすき)と為し、竹の葉、飫憩(おけ)の木の葉を以て手草と為し、手には鐸(さなぎ)を著けたる矛を持ちて、石窟戸(いやど)の前に誓槽(うけふね)覆(ふ)

せ、庭燎を挙げ、巧に俳優を作し、相与に歌ひ舞はしむ。

とあるもので、『日本書紀』には「茅纏の矟」とある。これも鐸の原型を意味することは後述するが、『古語拾遺』には、「天目一箇神をして、雑の刀・斧、および鉄鐸（古語・佐那伎）を作らしむ」とあって、鉄鐸はとくに「佐那伎」と訓むよう注している。

天目一箇神

天目一箇神は同書の冒頭に、斎部氏の祖である太玉命が率いる五神の中にその名がみえ、「筑紫・伊勢両国の忌部等の祖なり」としており、『日本書紀』第二の一書には「天目一箇神を作金者とす」とあるから、斎部氏に所蔵して製鉄に従事した部民の奉祀したところと知られる。

この神を祭る神社は、伊勢国桑名郡多度神社で、別宮に一目連神社があり、鉄製の弓矢を蔵し、またこの地から出た刀工が村正である。播磨国多可郡に天目一箇神社があり、ここは加古川流域の産鉄地である。近江国三上山の御上神社の祭神天之御影神も、天目一箇神の別名で、この近くから銅鐸が大量に出土している。

天目一箇神とは要するに「一つ目小僧」で知られる製鉄のタタラ炉のホト穴より、

熔鉄の状態を視つめて、隻眼となった鍛冶職を神格化した名である。
『延喜式』四時祭には、鎮魂祭の料として、

鈴　　廿口
佐奈伎　廿口

が挙げられているから、平安時代におよぶまで鈴と鐸が用いられており、ともに鎮魂の料であったことが判明する。

天岩戸がくれの神祭りは、宮廷鎮魂祭の本縁を語ったものとされているが、そこに鈴と鐸が用いられていることは、鈴や鐸を振り鳴らして鎮魂（招魂、タマフリ）の呪儀としたのである。

御阿礼所の「おすず」

一方、京都の上賀茂神社（賀茂別雷神社）には毎年五月十五日の賀茂祭（葵祭）に先立って、十二日に御阿礼(みあれ)神事という秘儀がある。これは本社の後方約八〇〇メートルのところに御阿礼所を設け、ここに降臨した神を迎える儀であるが、御阿礼所は四間四方を限って松・檜・賢木等の常緑樹でつくった青柴垣で囲い神籬(ひもろぎ)としたものであるが、そこに藤蔓の皮でできた径三寸ばかりの円座様のものをとりつけ、これを「おす

ず」と称している。

もと同社宮司であった座田（さいだ）司氏（もりうじ）氏は、「おすず」は「信濃」の語の枕詞となった「みすずかる」の「みすず」という葦草様の植物が、信濃と気候のよく似た賀茂付近にも多く自生していて、これを神々の御座所とする意味でとりかけたのが、「みすず」は「御すず」と記し「おすず」となり、やがて「鈴」におき換えられたとされた。

しかし、植物の「みすず」とは何か、またことさらに接頭語の「み」を冠するのはよほど深い意味が隠されているのではないかと、久しく疑問としていた。

御阿礼所には青柴垣で囲った中に榊を立て、いまはそれより五本の榊に遷霊して、本社に迎え、それぞれしかるべきところに納めるのであるが、もとはこの榊を社頭に曳いてきた。これを「みあれひき」というが、それにも鈴と種々彩色した帛（はく）がとりかけてあって、帛を引いて鈴

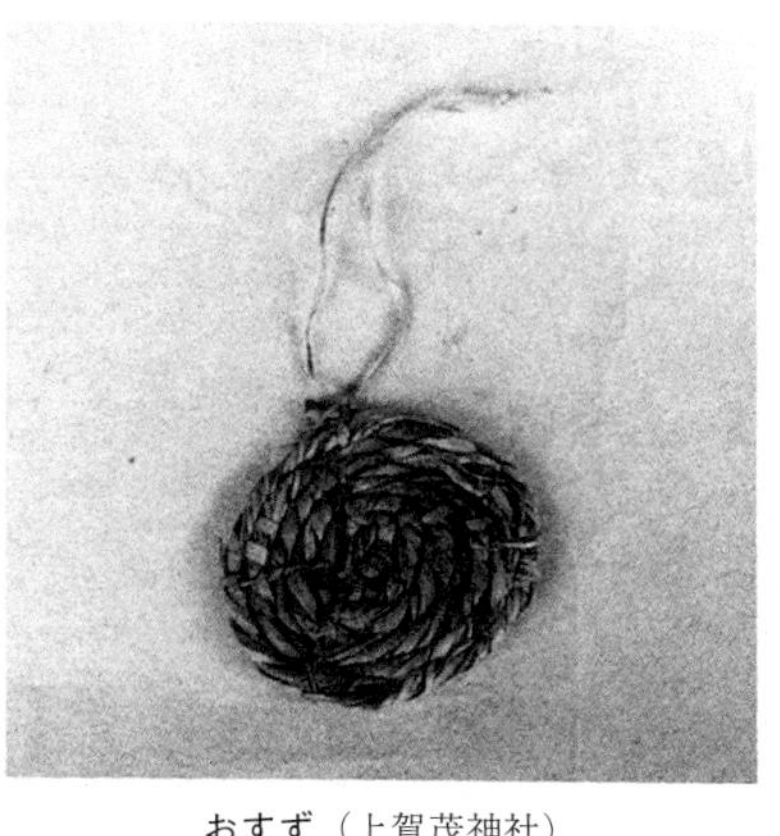

おすず（上賀茂神社）

を鳴らして祈願した。古歌に、

わがひかむみあれにつけて祈ることなるなる鈴もまづ聞ゆなり　源順

おもふこと御生(みあれ)の標(しめ)に引く鈴のかなはずばよもならじとぞおもふ　西行

とあることによってうかがわれる。この鈴が現在も神社の社殿の軒下に吊して、参拝者が拝礼に際して鳴らす緒のついた鈴となる。この鈴と藤蔓の皮でつくった「おすず」との関係も疑問であった。

みすずかる信濃

ところで「信濃」の枕詞となった「みすずかる」の用例は、『万葉集』巻二にみえる次の二首である。

水薦苅　信濃の真弓わが引かば貴人(うまひと)さびていなと言はむかも　九六

三薦苅　信濃の真弓引かずして弦(を)はくる行事(わざ)を知ると言はなくに　九七

右の「薦」は古写本に「薦」と書かれていたのを、賀茂真淵らが「篶」の誤として、「すず」と訓まれてきたが、近年は信濃には湖沼多く薦が多く生えていたから「こも」と訓(よ)むのが正しいとされ、今日では「みこもかる」が通説となっている。

しかし、信濃に生えているのは「こも」ばかりではない。葦(あし)や茅(よし)もあり、現に、美(み)

篶湖さえあるから、やはり真淵が訓んだ「すず」が正しいと思う。薦・葦・茅のような禾本科植物をひろく「すず」と称したとしてよいであろう。「みすず」と称する特定の葦草様の植物があるのではなく、ひろく禾本科植物をさして「すず」と称したのである。しかも、それに神聖を意味する接頭語の「み」を冠しているのは、薦が神事の用に供されるからであろうとは誰でも想像できるが、神事の用に供するものは他にいくらでもあり、とくに「すず」だけが「み」を付しているのは、よほど深い意味が隠されているとみなければならない。

植物の「すず」と鉱物の「スズ」

さらに、植物の「すず」と、音の発する「鈴」とはまったく同じアクセントの語である。両者はその始源において何らかの関係があったのではないかとの想像が可能である。

鈴の原型はいったい何であったか。それが問題となる。

世に鳴石と称するものがある。鳴石は「なりわ」（なりいわ）と訓まれ、地方によっては鈴石とも壺石とも称する。愛知県の高師原で発見されたところから「高師小僧」と名づけられたのもそれで、地質鉱物学上の用語をもってすれば褐鉄鉱の団塊である。

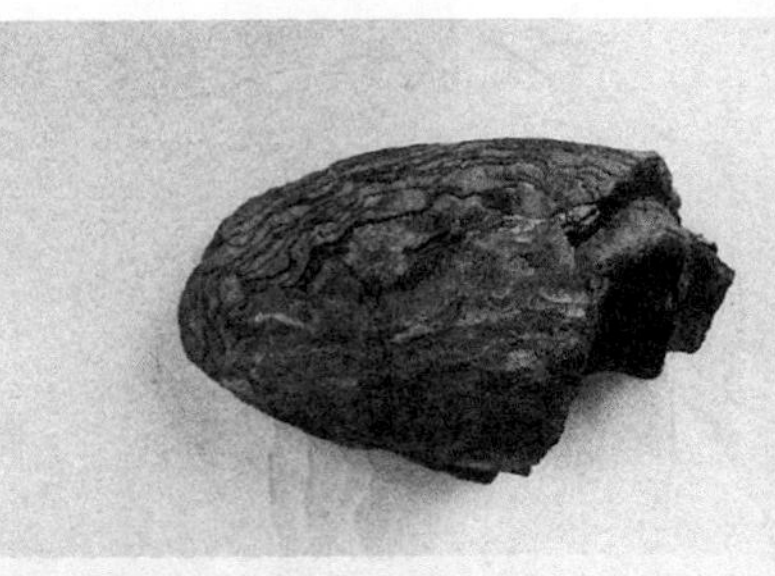

褐鉄鉱の団塊

褐鉄鉱とは、若干の吸着水をもつ水酸化鉄の集合体の総称で、沼沢・湖沼・湿原・浅海底等で、含鉄水が空中や水中の酸素により、またバクテリアの作用により酸化・中和し、水酸化鉄として鉱泉の流路に沿って沈澱したものである。

団塊とは、堆積岩中に存在する周辺よりも堅い自生鉱物の集合体の総称で、球・楕円体・管状・土偶状等の種々の形態があり、大きさは径一センチ以下の小さいものから、数メートルにおよぶ巨大なものまである。

ようするに褐鉄鉱の団塊とは、水中に含まれている鉄分が沈澱して、さらに鉄バクテリアが自己増殖して細胞分裂を行い、固い外殻を作ったものである。とくに水辺の植物、葦・茅・薦等の根を地下水に溶解した鉄分が徐々に包んで、根は枯死し、周囲に水酸化鉄を主とした固い外殻ができる。

こうしてできた団塊の内部は、浸透した地下水に溶解し、内核が脱水・収縮して外壁から分離し、振るとチャラチャラ音の発するものができる。これをいまは鳴石・鈴石、あるいは高師小僧と称するが、太古はこれを「スズ」と称していたのであろう。自然にできた鈴である。沼沢・湿原に生える薦・葦・茅のような植物の根に好んで形成されるのは、こうした植物の根から水中に含まれている鉄分を吸収して生長するからである。

信濃は火山地帯であり、温泉郷であるから、この地方の沼沢・湿原の水は鉄分を多く含んでいることはいうまでもない。そこに生えた薦・葦・茅等の根もとには、自然と褐鉄鉱の団塊、すなわち「スズ」が多く生成されたのである（以下便宜上植物の「すず」をひらがなで、鉱物は「スズ」とカタカナで記す）。

スズなりの鉄

果実等の密生して房状になっているものを「すずなり」（鈴生）というが、鈴が自

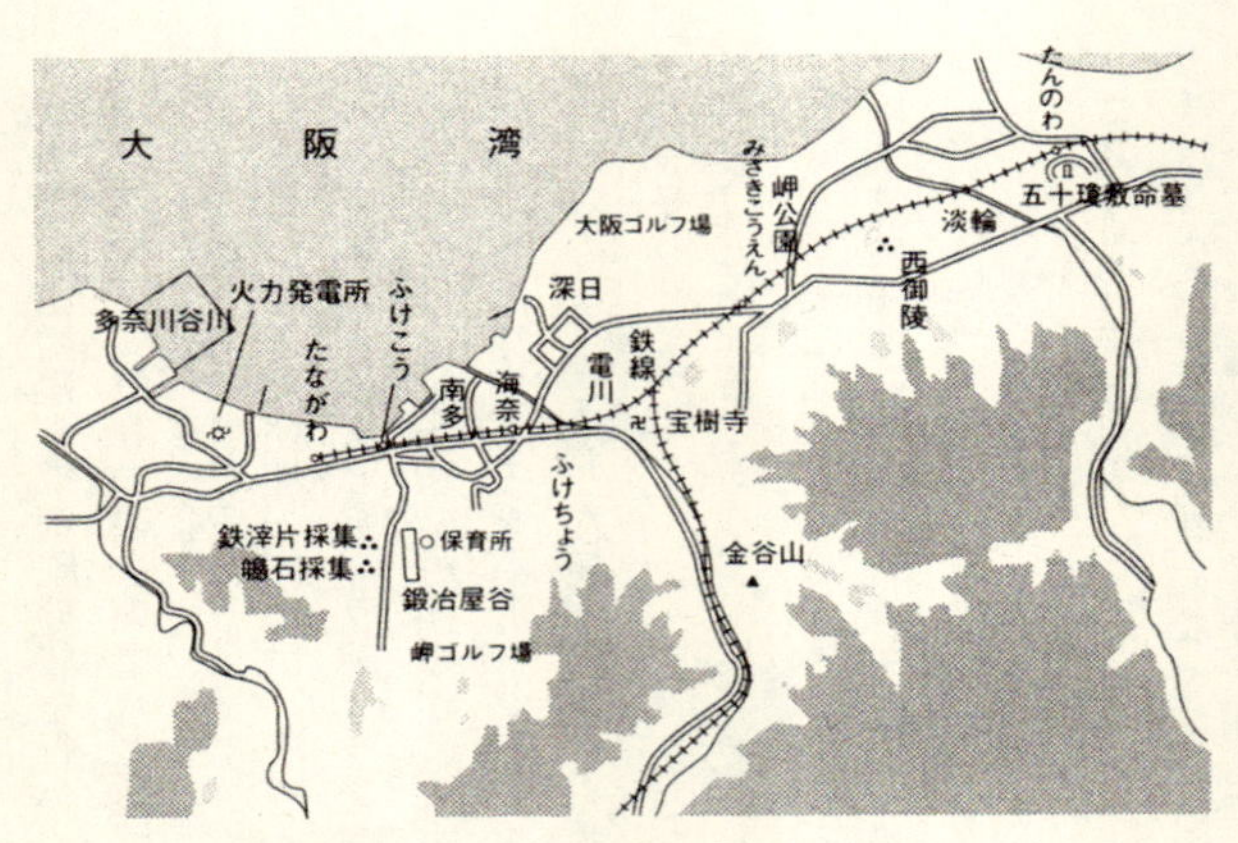

岬町鍛冶屋谷付近（山本博著『古代の製鉄』より）

然に房状に密生する状態があり得てこそ「鈴生」といい得るのであって、通常の金属製または土製の鈴は人工をもって取りつけるほかはないのであるから、この鈴の多く房状になった状態、つまり人工の状態をもって、果実等の自然の状態を形容するとするなら順序はまさしく逆である。人工の状態をもって自然の状態を形容するとは考えられない。しかるに果実等の房状に密生した状態を「鈴生」と称して、従来いささかも疑問を挟んでいないのは不思議というほかはない。

しかし、じつは鈴が自然に房状に密生するのである。湿原の薦・葦・茅等の根に、球・楕円・管状になった褐鉄鉱の団塊が密生した状態が「鈴生」（スズなり）

である。「鈴なり」とは、褐鉄鉱の団塊が植物の根に密生している状態をいうところから、果実その他の房状に密生した状態をもいうことになったものである。

この水酸化鉄の集合体である褐鉄鉱の団塊、すなわち「スズ」は、そのまま製鉄の原料となった。山本博氏によると、鳴石を破砕して、流水を利用するかなにかの方法で夾雑物(きょうざつ)をとり除き、砂鉄精錬のさいこれを混入して、木炭と交互に積み重ねて火をつけたということである。これを破砕するのに用いたのが三碓(みつうす)で、天智天皇紀九年、是歳の条に「水碓(みずうす)を造りて冶鉄す」とあるのもそれであろうとは、山本氏の指摘されたところである。

鍛冶屋谷の「スズ」

わたしはこのような褐鉄鉱を、山本氏の示教によって大阪府泉南郡岬町の鍛冶屋谷で採集した。ここでは壺石と称し、宅地造成に際して発見されて以来、付近には花瓶としたり、置物として蔵している家も多い。わたしが採集したものの中に、銅鐸そのままの形状のものがあった。それをみたとき、これは銅鐸と関係があることを瞬間的にひらめいたのである。

鍛冶屋谷の一キロ東は金山谷といい、その隣の淡輪町には五十瓊敷命の墓に比定されている前方後円墳がある。

五十瓊敷命は垂仁天皇紀三十九年に、茅沼の菟砥(うど)の河上に居て、太刀一千口を作り、石上神宮に納めたとされている。菟砥とはこの地であることは本居宣長の証したところで、そこに褐鉄鉱の団塊である「スズ」が採集されるのであるから、文字通り「スズ」が「すずなり」に生(な)る地であったことが判明する。しかもこの褐鉄鉱は、道路を造成するため削りとって崖になったところでは地表より約一メートルから一・五メートルのあたりで、幅約五センチの層を成していた。そのことから考えると、千数百年前には褐鉄鉱は生成され易い状態であったとみられる。

製鉄の原料となった「スズ」

先にも述べたように、わが国の弥生時代には製鉄は行われていなかったと考えられているが、鉄は銅を熔解するよりも低温の七〇〇～八〇〇度の熱度で、鍛造することができたのであるから、弥生時代にも自然風を利用する露天タタラによって製鉄が行われていたことは容易に想像できる。露天タタラであるから、タタラ場跡の発見されるはずはない。しかしタタラ場跡がないからといって製鉄が行われなかったのではないことは、銅鐸が鋳造遺跡がなくとも弥生時代の製品に間違いないのと同様である。

この弥生時代の製鉄において、原料となったのが褐鉄鉱の団塊である「スズ」にほかならないことに思いいたった。

沼沢や湿原に生える葦・薦・茅のような植物の根に、沈澱した水酸化鉄が、鉄バクテリアの自己増殖によって固い外殻を形成し、褐鉄鉱の団塊となったものは、そのまま露天タタラで製鉄することができたのである。ただし、砂鉄の磁鉄鉱に比較して品位は低いかもしれない。それだけに酸化腐蝕して土に還元するのも早く、現代にまで製品が遺っているのは稀(まれ)なのももっともであろう。それにしても「スズ」こそは弥生時代の製鉄の貴重な原料であった。

「みすずかる」の意味

「スズ」の生(な)るのは葦や薦や茅のような沼沢・湿原に生える植物の根もとである。「スズ」を採取すれば、農耕に必要なスキやクワ、あるいは武器としての剣や鏃をも作ることができる。それゆえ弥生時代の民にとっては「スズ」はまことに貴重なシロモノであった。この「スズ」を採取するためには、湿原の葦や薦を苅りとる必要がある。すなわち褐鉄鉱の団塊を採取することと、それが根もとに密生した植物を苅り取ることとは同じ意味をもっていた。したがって褐鉄鉱の団塊たる鳴石の類も、それの

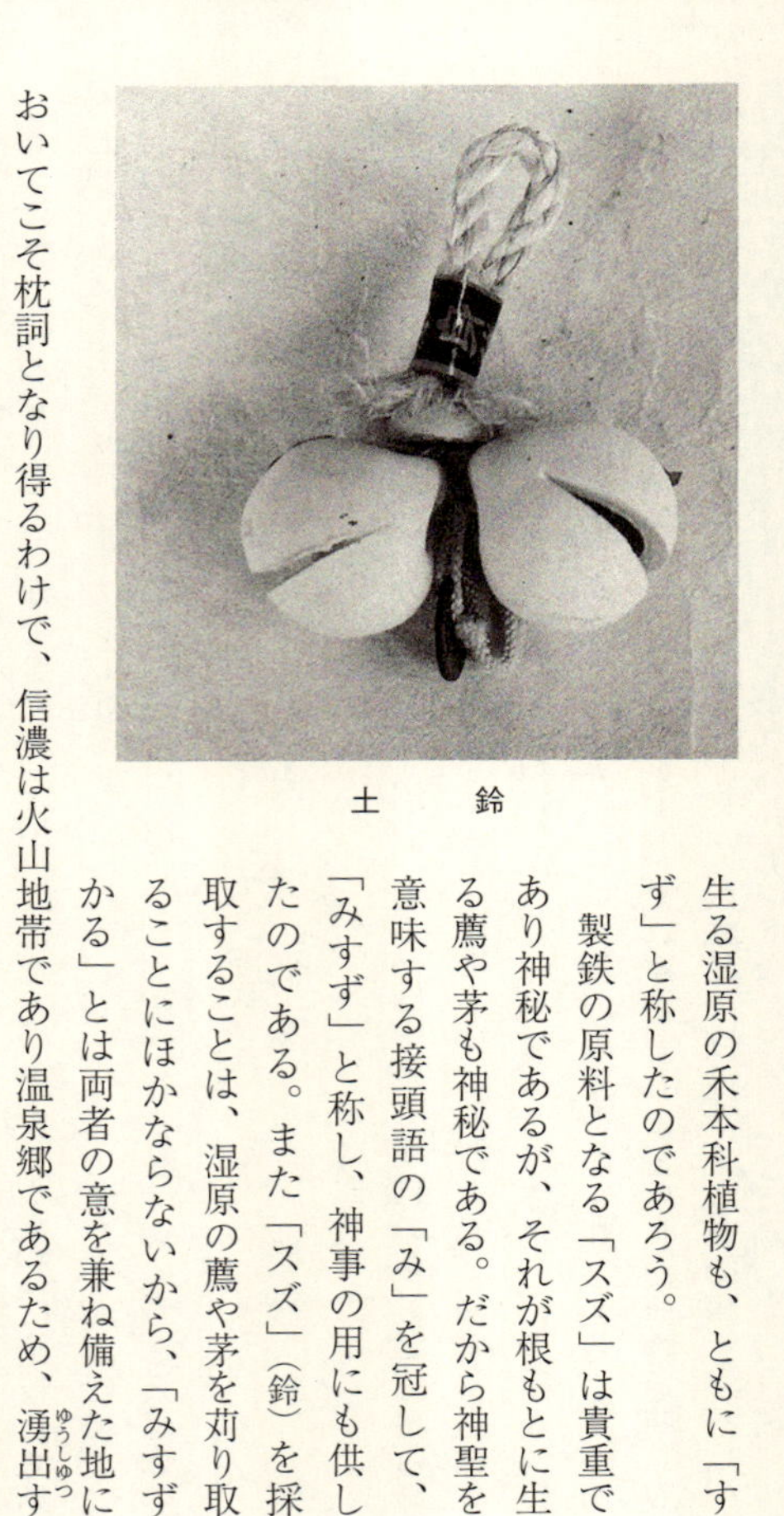

土　鈴

生る湿原の禾本科植物も、ともに「すず」と称したのであろう。

製鉄の原料となる「スズ」は貴重であり神秘であるが、それが根もとに生る薦や茅も神秘である。だから神聖を意味する接頭語の「み」を冠して、「みすず」と称し、神事の用にも供したのである。また「スズ」（鈴）を採取することは、湿原の薦や茅を苅り取ることにほかならないから、「みすずかる」とは両者の意を兼ね備えた地においてこそ枕詞となり得るわけで、信濃は火山地帯であり温泉郷であるため、湧出（ゆうしゅつ）する鉱泉にはことに鉄分が多く含まれており、諏訪湖を中心とする沼沢・湿原は現在も茅野市があるように、薦や茅が多いばかりでなく、そこに「スズ」（鈴）が生（な）り、それが弥生時代の製鉄の貴重な原料となったのである。

沼沢・湿原に水酸化鉄が堆積し、鉄バクテリアによって、褐鉄鉱の団塊である「スズ」ができるのは、通常十数年を要するが、火山活動の状況によっては、七～八年で生成されることもあるようで、ことに地中の弥生時代の水底と思われる層位に、層を成しているところを見ると、その頃、とくにこの生成が活発であったかもしれない。

「スズ」の呪儀

弥生時代の民は、鉄を求めることが切実であって、そのため「スズ」の生成を待ち望み、生成を促進させるために呪儀を行った。どうしてこのようなものができるのか、古代人にとっては不思議な、しかし有難い貴いシロモノであった。音の発することも不思議であり、それは神霊の声と聴かれた。

そこで、この模造品を作って「スズ」のできそうな湖沼を見渡す山の中腹の傾斜地で、これを振り鳴らしては仲間の「スズ」の霊を呼び集め、あるいは地中に埋納して同類の繁殖を祈った。一種の類感呪術である。それが鈴であり、鐸（さなぎ）であった。先に鈴と鐸が鎮魂の具として用いられたことを記したが、ここにそのもっとも典型的な、もっとも原初的な用法があったことになる。

鉄を得るための呪儀に用いたのにはじまったのであるから、鉄そのものをもって作った鉄鐸も用いられたが、銅を用いて同類を作った。それが銅鐸であろう。鈴にはもちろん土鈴がある。してみると湛神事で鉄鐸を振り鳴らしたのは、農耕における何かの誓約のしるしではなくて、農耕にもっとも必要な鉄を得るための呪儀であり、それは、水沢に形成される褐鉄鉱の団塊である「スズ」の生成を促進するためであった。

このようにして、弥生時代の民は、製鉄の原料である褐鉄鉱の団塊、すなわち「スズ」を得るため、沼沢や湿原に面した斜面で、鈴や鐸を振り鳴らす「湛神事」を行い、また同類を地中に埋納して「スズ」の生成促進を祈ったのである。

前者は、アメノウズメノミコトの神楽のような呪儀をもって行う祭祀となり、平安時代の宮廷鎮魂祭にその名残をとどめ、ことに鈴はミアレ神事のアレ木にとりつけたり、社殿に吊りさげられたりして種々発達をとげたが、鐸は湛神事のような呪儀をもってする招魂の具となったのであろう。とするなら『日本書紀』にアメノウズメノミコトが手に持って舞ったのは「茅纏の矟」とあるのは、従来この解釈は一定していなかったが、まさに鐸の原型である茅の根にまつわりついた褐鉄鉱の団塊そのものであったことが判明する。『古語拾遺』ではこれが「着鐸の矛」となっているのである。

それではこの銅鐸がなぜ埋められたのか。

銅鐸の埋祭

銅鐸は、そのもっとも古い形式の小銅鐸が、舌(ぜつ)を持っていて鉄鐸と同様に振り鳴らされたものらしいことは認められている。

鉄鐸と銅鐸は当初同じ用法であった。しかるに鉄鐸は銅鐸の末裔(まつえい)とするのが通説である。それは鉄の方が銅よりも熔融点が高いために、銅の方が製品にしやすいと考え、鉄器時代は青銅器時代の後に始まった、との考えが先入主になっているためである。

弥生時代の鉄製品の出土例はたしかに僅少であるが、それは鉄は酸化腐蝕してそのままの形で遺らないためであって、事実はまったく逆で、鉄は銅と併存したか、むしろ鉄の方が早くより製品として用いられたのである。

もっとも諏訪の鉄鐸は、一・二・三の数字が刻印されているから、六世紀代よりさかのぼることはできないが、むしろより古い時代より同類が使用されていて、たまたま六世紀代に作られたものが遺ったとみてさしつかえない。つまり、鉄鐸は銅鐸と併存していたか、あるいは鉄鐸の方が銅鐸の祖型であるとみることができる。

鉄を求めて「スズ」の生成を待ち望んだ弥生時代の民は、鈴や鐸を振り鳴らして仲間の霊を呼び集めるだけではあき足らず、同類を模造して地中に埋祭したのである。銅鐸の出土地の顕著な特徴は、湖沼や湿原に面した傾斜地であることもその間の事情を物語るものであろう。

つまり湖沼・湿原の水辺の植物の根に堆積沈澱してできる「スズ」（褐鉄鉱の団塊）の生成を待ち望み、その生成を促進させるために、「スズ」と同類のものを作って埋祭したのである。

銅鐸に描かれた絵が多く水に関したものが多いのも、そのためである。流水文・渦文、いずれも水であるが、さらに高倉らしい家や、鹿・鳥・魚も描かれている。これはなにを意味するのか。水田の耕作に関する絵言葉らしいとは従来からも説かれているが、わたしはそこに鉄を求めた弥生時代の民の切なる祈りを汲みとることができる。それは「スズ」、すなわち褐鉄鉱の団塊があれば、スキやクワの農工具はもとより、鏃も釣針も作ることができる。そうすれば米を倉に積みあげ、鹿も鳥も魚も思いのままにとることができる。「スズ」よ、どうぞ早く大きくなってくれ、という願いをこめて、「スズ」を理想化した形のものを作り、それの生成されそうな水辺の丘の斜面に埋祭したのである。しだいに巨大化し、鈕にも装飾がほどこされるようになったのは、欲求が時代とともに肥大化していったからである。

銅鐸の用法

銅鐸の用途についてはいまもって定説とするものがなく、祭器説、宝器説あり、埋納の理由も宝蔵説、隠匿説、破捨説があるものの、いずれも決定的なものとはいいがたい。

考古学では、遺物がなければ語ることはできないのであるから、わたしのような発想はむしろ邪道であろう。まして文献史学ではおよびもつかぬ古い時代に属する。したがって何びとも銅鐸が鉄を求めての祭具とは気がつかなかったのである。

しかし、つねにもっとも古い様式を伝えるのは祭祀である。祭祀はもともと、始源の状態を繰り返すところに本意があり、種々変様する部分はあるにしても、核となる部分は時代の変遷にもたえて持続する。

わたしは祭祀学の立場から、たまたま現代に伝世されている諏訪の鉄鐸を用いての祭祀や、鎮魂祭の料としての鈴と鐸の原型を追い求め、とくに自然科学の援けを借りて考察したところ、銅鐸が製鉄に関係しているという意外な結論を得たのである。

鉄と銅

銅鐸が製鉄に結びつくとは、わたし自身思いもよらなかった。しかし、考えてみればありえないことではなかったのである。鉄は銅に比べてはるかに実用的である。銅は祭器としてよりほかに用いられるところは少ないが、鉄はあらゆる方面に有用である。弥生時代以来の人びとの生活にもっとも必要なのは鉄であったから、鉄を得るための祭祀には実用的でない銅を用いたのである。

酸化腐蝕することのない銅は、その点でむしろ鉄よりも有利であった。鉄は熔融しなくとも鍛造できたが、銅は鋳造しなければならなかったかわりに、文様を描いたり、装飾をほどこすことができた。そうしたことが鉄を求めての祭祀の料として銅を用いることになったのであろう。もちろん、一方では土で作った土鈴や、鉄そのものをもって作った鉄鐸を振り鳴らして招魂の呪儀も行われ、この方は宮廷の鎮魂祭になごりをとどめているのである。

銅鐸は畿内を中心に分布しているのに対して、北九州を中心に分布しているのは銅剣・銅鉾・銅戈である。このことによって、従来は銅鐸文化圏と、銅剣・銅鉾・銅戈文化圏とに分けて考えられてきたが、近年北九州からも銅鐸が発見され、出雲から大量の銅剣も出土した。これは「スズ」の生る植物（葦・薦・茅等）の葉の部分をもって象徴したのが銅剣・銅鉾・銅戈であり、「スズ」すなわち褐鉄鉱の状態を象徴したのが銅鐸であった。

このようにして「信濃のみすず」は、褐鉄鉱（スズ）の生る「すず」にほかならず、これを苅りとることは、鉄を得ることにほかならず、「みすずかる信濃」は鉄の生る国であった。したがって信濃の国の「南宮の本山」とは他の二社、美濃の仲山金山彦神社、伊賀の敢国神社と同様に、製鉄の神としなければならない。しかし、諏訪大社の祭神タケミナカタの神は、従来、武神とはされているが製鉄神とはみなされていない。この神にはたしてそのような性格があるのか、わたし自身もはなはだ疑問に思った。ところがこれもまた意外な方面から、この謎を解く端緒を得たのである。それは何であったか。

三　鉄輪と藤枝

『諏訪大明神絵詞』

諏訪大社の縁起書に『諏訪大明神絵詞』という絵巻があって、その詞書がいまに伝わっている。鎌倉末期から室町時代にかけての諏訪社執行法眼円忠の手になったもので、円忠は夢窓国師に師事し、『千載和歌集』や『後拾遺和歌集』に和歌が、『菟玖波集』に連歌が収められている文人であった。

諏訪社には「諏訪社祭絵巻」と称する絵巻物があったが、すでに紛失していたため、円忠が再興をはかって資料を蒐集し、当時の一流の学者であった洞院公賢の指導をうけて円忠自ら稿を起こし、青蓮院尊円法親王ら七人が書を、中務少輔隆盛ら五人が絵を画いて、外題は北朝後光厳院の宸筆を賜わり、奥書は足利尊氏がしたためるという豪華なものであった。

残念ながら原本は失なわれたが、文明四年、宗詢という僧が高野山金剛峯寺悉地院の盛円法院所蔵本より転写したものが伝わっていて、この宗詢による写本が諏訪上社の権祝であった矢島家に伝わり、後に上社神長家の守矢家に伝わっている。これより出た転写本によって、『続群書類従』第三輯下、また祭の部は『日本祭礼行事集成』第六巻に収められている。

洩矢神とタケミナカタ神の争い

この『諏訪大明神絵詞』の中に次のような一節があって、これをどう解するかの問題である。

尊神垂跡の昔　洩矢の悪賊神居をさまたげんとせし時　洩矢は鉄輪を持してあらそひ、明神は藤の枝を取りて是を伏し給ふ。(祭、第四、六月晦日条)

右の尊神または明神とは祭神タケミナカタの神で、洩矢とは神長守矢氏の祖神、洩矢神で、このあらそいで洩矢神は敗れ、以後諏訪社最高の神主大祝はタケミナカタ神の後裔を称する神氏が継ぎ、洩矢神の後裔、守矢氏は大祝に仕える五官(神長・禰宜・権祝・擬祝・副祝)の筆頭神長(神長官ともいう)を継承した。

この所伝は、通常土着の氏族である守矢氏の居たところへ、タケミナカタの神を奉じる出雲系の氏族が入ってきて、あらそった結果、守矢氏は敗れ、支配権が交替されたことを意味するとされている。

伊耶佐（稲佐）の浜（島根県出雲市大社町）

タケミナカタの神は、出雲の国譲りにさいしてタケミカツチの神とはげしい力競べをしたが敗れた神である。タケミカツチの神は、伊耶佐の小浜で剣を逆さまに立てて、その先にあぐらを組んで大国主命と談判した。大国主命はわが子事代主に委せてあるといい、事代主神は素直に従ったが、タケミナカタの神は承知せず、タケミカツチと争ったが敗れて逃げたところが、信州の諏訪であった。

タケミナカタの神が、出雲からなぜ諏訪まで逃げねばならなかったか。そして諏訪では鉄輪を持つ洩矢神に対して藤枝を持ってたたかっているが、これはなにを意味するのか。こうした説話を侵略と抵抗、支配と服従の関係で捉えようとするのは近頃の一種の流行である。そうした視点から、大和政権による侵略と出雲族の抵抗であるとか、出雲族の諏訪地方への進出であるとかの説が為されてきたが、そのような政治的な視点からでは、この問題は解き得ないのである。

それでは、鉄輪とは何で、藤枝とは何か。そして藤枝をもって鉄輪を伏せしめたとは何を意味するのか？

藤枝と「おすず」

洩矢神の持ったという鉄輪は鉄鐸であろうということは容易に察せられる。鉄鐸は神長守矢氏に固有の祭具で、守矢氏を中心として湛(たたえ)神事ではこれを用いて祭祀を行ったからである。しかし「藤の枝」が何を意味するのか、わたしにも永い間わからなかった。ただ、先にも述べた「みすずかる信濃」の「みすず」が、薦や茅の根に生る「スズ」と通ずると知るに至った機縁となった上賀茂神社のミアレ神事にあたって、ミアレ所に取り懸ける「おすず」が藤蔓の皮でできていることが気になった。

なぜこのようなものを「おすず」というのか？　葦や茅のような水辺の植物を「すず」といったとしても、賀茂社のミアレ所にこれを吊り懸(か)ける意味もよくわからなかった。タケミナカタの神はオオナムチの神の子神であり、賀茂氏も『新撰姓氏録』によると「大神朝臣と同祖、大国主神の後なり。大田田禰古命の孫」とあり、ともにオオナムチの神の裔ということで結びつくことはうなずける。

したがって、賀茂のミアレ所の藤蔓で作った「おすず」と、タケミナカタの神の持った藤の枝とは当然つながるわけである。

じつは、そこまではわたしも容易に到達したが、その藤枝（藤蔓）が何を意味するかは、ながく理解できないままに経過した。それがあるとき、鉄穴流しによる砂鉄を採る方法を詳しく調べた結果、つぎのような事実を知ったのである。

鉄穴流しと藤蔓

鉄を採るには、鉄砂の多い山の下で、河の流れのあるところを選び、山の土砂を流れに崩し入れ、急流で洗うと、土は流れ去り、鉄砂のみ水底にのこる。鉄砂はザルで採るが、そのザルに莚を用いたという。わたしは当初、藁の莚と思っていた。よく考えてみれば（考えなくとも、あたりまえの話であるが）、流水の中であるから藁の莚ではもたないし、竹のザルでは固きに過ぎるわけで、藤蔓で編んだものをもっとも良しとするのである。

そのことを教えられたとき「アッ」と気がついた。何のことはない、タケミナカタの神の持った藤の枝とはこのことをいうのであり、つまり「鉄穴流し」による砂鉄採取の技術を象徴したのである。

オオナムチの神の原初的性格は「鉄穴(かんな)流し」の「鉄穴山」から発想された産鉄の神であったから、その子神が、「鉄穴流し」の砂鉄採取の技術を持った神としても不思議はない。タケミナカタの神(南方刀美神)の「ミナカタ」は、製鉄の神の座としての「南方」を意味するとしたなら、なおさらである。すると、「出雲の国譲り」の神話と『諏訪大明神絵詞』の説話によって知り得るのはどんなことか。

神話と文化

わが国の原始的な製鉄は「鉄穴流し」以前に、沼沢や湿原に生成される褐鉄鉱の「スズ」を採取する方法があった。弥生時代の民は、このスズを求めて沼沢・湿原に面した傾斜地等で鉄鐸を振り鳴らしたり、銅鐸を埋祭したりしたが、とくに信濃の諏訪地方では、もっとも原初的な鉄鐸による湛神事が最後までのこっていた。諏訪社に伝世されている鉄鐸に数字が刻印されていることは、六世紀代にもなお行われていたものと考えられる。これは諏訪湖を中心とする沼沢に「スズ」が多く得られたこと、僻地なるがゆえの後進性によるものとみられる。

これに対して、畿内や山陰・山陽方面では、早くより砂鉄採取の方法が用いられていた。それを用いたのがオオナムチ神系氏族であろう。いわゆる倭(やまと)鍛冶である。しかし、三世紀代よりはじまる帰化系技術者、すなわち韓(から)鍛冶の渡来によって、技術革新がなされ、古い技術はしだいに追放される運命に至る。そうした場合、進歩的な外来文化をいち早くとり入れたのは、大和の皇室を中心とする勢力であり、土着の民はおおむね保守的であるのをつねとした。オオナムチ神系氏族（出雲族）というのは、こうした保守的文化の担い手であって、そのような保守層は大和にも、播磨にも、出雲にもいたのである。

記紀神話でオオナムチの神の活躍が出雲を舞台として語られているのは、記紀編纂の時代に近い頃まで、もっとも古い文化が出雲に残っていたためである。オオナムチ神系氏族の足跡が、大和の三輪山を中心に三世紀代のこととして残っているのに対して、出雲地方に残るこの神の足跡はむしろ新しいというのは、オオナムチ神系氏族が大和から移住して出雲に至ったのでもなく、また「神々の流竄」（梅原猛氏）によるものでなく、一に文化の進展と遅速によるものである。

神々の争い

オオナムチ神系氏族、いいかえれば、賀茂氏や三輪氏は古い製鉄技術の担い手であったが、韓鍛冶による新しい製鉄法によって、古い技術はしょせんは追放される運命にあった。タケミカツチの神と争ったタケミナカタの神は負けて逃げたのはそのためである。タケミカツチの神は中央より派遣された組織的、進歩的技術を象徴する鍛鉄の神である。古い技術に固執するタケミナカタの神は、新しい進歩的なタケミカツチの神と争って敗れ、出雲より逃げなければならなかった。

ところが逃げたタケミナカタの神にも安住の地があった。諏訪地方ではなお湛神事を行い、薦や葦の根に「スズ」の生るのを気永く待っていたのである。畿内をはじめ他の地方では三世紀代にすでに失なわれた技術が、ここではまだ生きていた。文字通り「みすずかる信濃」だったのである。中央はもとより出雲でさえ古いとされた製鉄技術が、ここではなお進歩的であった。タケミナカタの神は、ここでいちだんと古い洩矢神と争うことになる。

鉄輪、すなわち鉄鐸による湛神事の伝承者洩矢神と、藤枝を持ったタケミナカタの神の争いは、このような新旧文化の抗争とみることによって、きわめて自然に理解されると思う。結果的には新しい神（文化）が勝利を占め、古い神（文化）と交替するが、古い神（文化）もまったく駆逐されてしまうのではなく、何らかの形で生かされて従属することになるのが通例である。諏訪では守矢氏が、神氏の大祝につぐ神長としてタケミナカタの神の奉祀者となり、鉄鐸による湛神事は、はるか後世の室町時代にまで伝承されてきたことによって、そのことがうかがわれる。

それではこの洩矢神とタケミナカタの神の争い、すなわち諏訪における新旧文化の交替の時期はいつであったか。大祝の有員は桓武天皇の皇子とする説があるが、一説には用明天皇のときに出現したという伝承があり、鉄鐸に数字の刻印があることと考えあわせて、ほぼ六世紀頃まで、前時代的な文化が残存していたとみることができる。そしてこの時期は、畿内の古墳文化がようやく諏訪地方におよんだ時期でもあった。

このようにして、タケミナカタの神が製鉄に関与した神であることは、ここに明らかになった。「南宮の本山」とされる諏訪大社は、他の南宮と同様、製鉄の神であり、タケミナカタの神（南方刀美神）の「ミナカタ」は、文字どおり製鉄の神の座としての「南方」であることは間違いないことになる。

諏訪大社が製鉄の神であり、「南宮」の呼称が、製鉄のタタラ炉の高殿を支える四本の押立柱のうち、南方の柱を元山柱と称してもっとも神聖視してここに金屋子神をまつるということに由来するならば、諏訪社最大の謎とされる「御柱（おんばしら）」の意味もここに求めることができる。

諏訪の御柱

「御柱」とは、七年目ごとの寅年と申年に行われる御柱祭（みはしらさい）のことで、天下の奇祭ともいわれ、規模の雄大さと郷土あげての興奮で知られている。

諏訪大社上社・一の御柱

上社（かみ）では八ヶ岳の西麓御子屋山より、下社（しも）では霧ヶ峰の口にあたる東俣（ひがしまた）御料林より、樅の用木を曳き出して社頭に運び、社殿の四隅に立てるもので、上社は本宮・前宮に各四本、下社は春宮・秋宮各四本、合計十六本の柱が、いずれも一の柱で五丈五尺、以下二・三・四の柱は五尺ずつ短くなるが、立木の目通り直径三尺内外の大木を切り出して、数千人の氏子が勇ましく曳行するのである。

ところが、この御柱の起源と意義については種々の憶説はあるものの、定説とするものがなかった。四無量四抄説、四王擁護説、四神祭説、土地限界説、宮殿表示説、神祭料説等であるが、いちおう折口信夫が神居の区画を示す標(しるし)としたものが穏当として、私見もそれに従っていたが、なお疑問が残っていた。

しかし諏訪大社が南宮と称し、南宮が製鉄炉の押立柱の中、南方の元山柱に祭る製鉄の神の座としての南の宮の意であるとするなら、この御柱は、まさに製鉄炉の押立柱ではないか、と思いいたったのである。

御柱の意義と由来は忘れられて久しい。しかし、御柱祭そのものはいまも七年ごとに繰り返していまにいたっている。湛神事は絶えているが、文献によって古儀をうかがうことはできる。賀茂のミアレ神事はいまも秘儀として伝承されている。湛神事の鉄鐸とミアレ所の「おすず」という一見何の脈絡もうかがえない両者の関係が、じつに想像を絶する深いところでつながっていたのである。御柱のいわれにしても忘れられて久しいが、繰り返されている限り、その中にひそんでいる原初の時を掘り起こすことは不可能ではなかった。

銅鐸の用法も、こうして思いがけない方向から解き明かすことができた。考古学や文献による史学とはいささか異なった祭祀学での一つの成果である。

四　銅鐸・銅剣・銅矛と産鉄地

荒神谷遺跡

昭和五十九年七月、島根県簸川郡（現、出雲市）斐川町大字神庭字西谷から、銅剣三五八本が一括出土したことが報ぜられた。さらに翌年八月に七キロばかり離れたところから、銅鐸六個、銅矛十六本が発見され、がぜん考古学界での話題が沸騰した。出土地はのちに荒神谷と名づけられたが、それは従来の近畿を中心とする銅鐸文化圏と、北九州を中心とする銅剣・銅矛文化圏という二大文化圏の考え方を改めねばならないことになった。しかも、なぜこれほど大量の銅剣が埋められたのか、埋めたのはいったい誰か、どこで製造したのか、等の問題が提起された。

わたしは、発見後間もない六十年十月、現地に赴いた。宍道湖西南岸より約六キロの神庭と称する丘陵の西の谷あいの奥の斜面で、丘陵の裾は田圃であるが、むかしはその裾野の辺りまで、宍道湖の水辺に属していたことは明らかである。そこで砂鉄が採れるとはみえないが、田圃の畔みちをたどって、少しばかり土を掘ってみたところ、

荒神谷遺跡出土状況

鉄分の豊富な赭色土が表れた。ということは、かつてこの谷あいの水際に葦（あし）や薦（こも）の根に生（な）る褐鉄鉱が得られた可能性のあることを意味する。

出土地の神庭は神祭りの大庭を意味し、荒神谷の名は、丘陵の北端に古木三本があり、三宝荒神が祭られていたことによって命名されたとみられているが、神庭は鍛冶場とする説もある。吉野裕氏は、荒神谷遺跡が発見される以前より、カンバの地名と製鉄の関連性を指摘されていた。

宇夜江（うやえ）

神庭荒神谷の東の谷あいは宇屋谷といい、ここは謎の古代氏族鳥取が鳥鵠（くぐい）

荒神谷・加茂岩倉遺跡周辺図（国土地理院５万分の１地形図「今市」より）

を捕らえた「出雲国の宇夜江」である。この地は『和名抄』によると出雲国建部(たけるべ)郷であるが、『風土記』では、宇屋都弁命(うやつべのみこと)がこの地に天降ったので、宇夜の里といわれていたが、景行天皇のとき、倭健命の御名を忘れないよう健部を定め、神門臣古禰(かむどのおみこね)を健部としたとあり（出雲郡健部郷の項）、いまも宇夜には神代神社があり、宇夜都弁命を祭神としている。

荒神谷遺跡出土の銅剣（島根県教育委員会提供）

ウヤツベとは宇夜の女神のことで神庭にかかわる女王であろう。ヤマトタケルノミコト伝説地は製鉄地と一致することは、谷川健一氏が指摘するところで、宇夜の里が、その健部と関係あり、さらに宇夜の里は鳥取氏に関連する製鉄地であった。鳥取氏とは、『日本書紀』垂仁天皇二十三年条に、もの言わぬ皇子誉津別(ほむつわけ)が、鳥鵠を見て声を発したことに喜んだ天皇が、その鳥を捕らえよと命じ、鳥取造の祖天湯河板挙(あめのゆかわたな)が出雲にいたって捕らえることができたという説話に関係がある。「湯河板挙」の「湯」は熔鉄

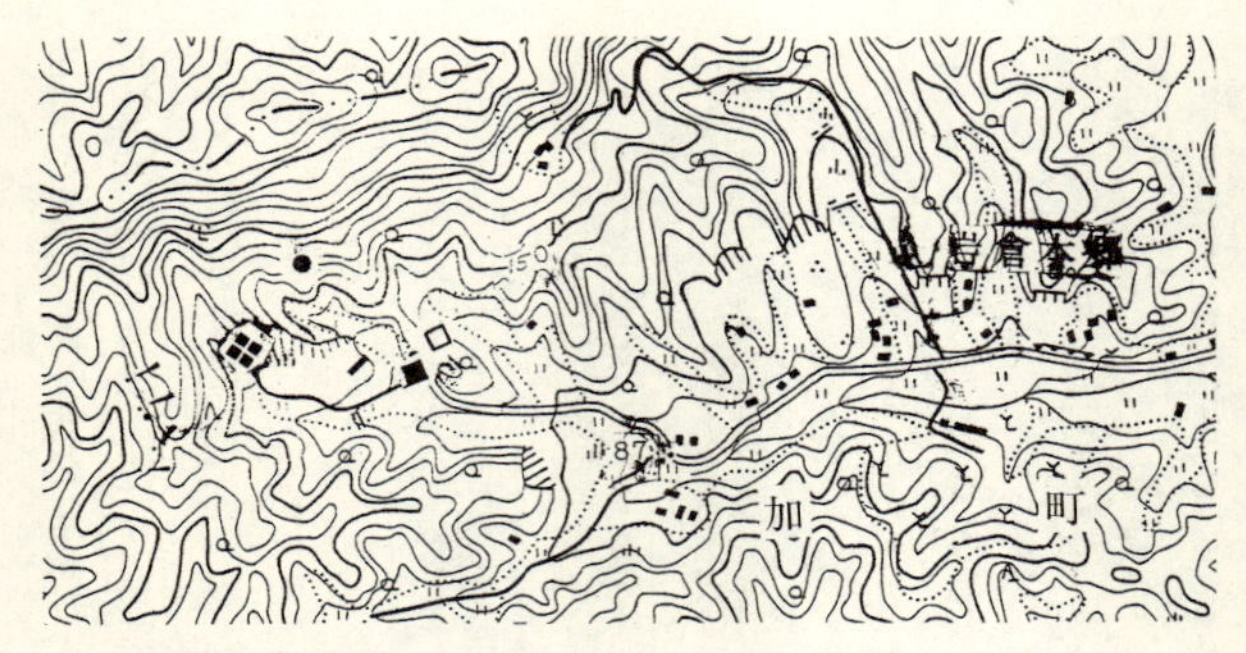

加茂岩倉遺跡周辺の地形
（国土地理院２万５千分の１地形図「宍道」より）
●…磐座，◆…駐車場（隣地である西側の畑より鉄滓採取）
◇…金鶏伝説，❖…銅鐸出土地　　数字は等高線

を意味する。その場所が「出雲の宇夜江」であり、鳥取氏が古代金属関係氏族であることは、山本昭氏の『謎の古代氏族鳥取氏』に証し、谷川健一氏もこの説を肯定している。

　この出雲の宇夜江が現在の斐川町大字神庭谷字宇屋谷のことであり、銅剣・銅鐸・銅矛の出土した荒神谷の「神庭（かんば）字西（さい）谷（たに）」とは、丘陵の東西約三〇〇メートルの至近距離である。

加茂岩倉遺跡

　荒神谷遺跡発掘より十二年目、平成八年十月、大原郡加茂町岩倉（現、雲南市）の農道工事現場で、弥生時代中期の銅鐸三十一個が出土した。三十一個といえば過去最多である上、銅鐸の中にさらに小銅鐸の入った「入れ子」状のものが七組あり、形式は外縁付鈕式(がいえんつきちゆうしき)や偏平鈕式(へんぺいちゆうしき)など数種類あり、表面には六区袈裟襷文(けさだすきもん)や四区袈裟襷文、流水文も確認された由で、考古学界・歴史学界に種々の話題を提供した。

わたしは、平成九年四月現地に赴いて踏査した。荒神谷遺跡にも再度訪れたが、周辺がすっかり整備され、観光地化しているのに驚いた。

出土地は、先の荒神谷の東南、直線コースにして三・五キロ、尾根つたいに歩けば約八キロ、斐伊川支流の赤川の、そのまた支流猪尾川に注ぐ南迫という谷あいの奥である。谷は現在は細長い田圃が連なっているが、かつては谷川で、出土地の下は沢となっていた。その沢を見下ろす斜面の中腹で三十一個もの銅鐸が出土した。

遺跡を見学に訪れる人々のために設けられた駐車場の東に大岩があり、金鶏伝説地の看板が立てられている。金鶏伝説とは、後にも述べるが、

朝日さす　夕日輝く　木の下に
黄金の鶏の埋めありけり

といった類いの謎の歌に託して、財宝を隠してあるとする伝承地が全国各地にあり、そこは鉄の在りかを示すものである。また駐車場の向かい側の柿の木畑には鉄滓がでるという、現地の人の証言を得た。

出土地は、加茂岩倉遺跡と名づけられたが、わたしはそこが加茂郷であることに注目したい。

加茂岩倉遺跡出土の銅鐸（島根県教育委員会提供）

カモ氏・カモ郷と銅鐸出土地

大場磐雄氏は、銅鐸祭祀氏族は加茂・ミワ族であるとされた。大場氏は、銅鐸出土地が、カモ郷・ミワ郷、あるいはカモ社の多い点に着目して、かねて主張されていたところで、カモ・ミワ族は、近畿を中心に東海は遠江・駿河まで、東山は美濃・信濃、山陽は播磨・備中、南海では阿波・伊予・土佐、西海では筑前・豊前、そして山陰は因幡・出雲・隠岐に分布したが、大和の勢力によって圧迫され、一部は信濃の諏訪に退いてここを安住の地としたが、彼らの使用した銅鐸は、その地で鉄鐸に変じて伝世されたと説かれたのである。

それに対して、田中巽・谷川健一氏らは、銅鐸祭祀氏族を尾張氏または尾張氏有縁の氏族（伊福部氏・小野氏ら）とされた。田中・谷川説によって銅鐸祭祀氏族は、尾張氏とすると、大場説によるカモ・ミワ族とする説とくい違うかのようである。ところが伊福部氏を含む尾張氏は、火明命（ほあかり）を祖とする海人族であったのに対して、賀茂氏は『新撰姓氏録』大和国神別、賀茂朝臣の項に

大神朝臣と同祖、大国主神の後なり。大田田禰古命の孫、大賀茂都美命（一名、大賀茂足尼（おおかものすくね））賀茂神社に斎き奉る。


とあり、賀茂・三輪氏は、ともに大己貴神系氏族であるが、先述の『伊福部臣系図』で知られるように、五十研丹穂命（いきしにほ）、すなわち火明命とも大己貴神とも一系につながっていて畢竟（ひっきょう）同族であった。

大己貴神（大穴牟遅神）の原初的性格は、鉄穴から発想された産鉄の神であることは先に述べたが、加茂氏も産鉄に関与したかつての祖神の遺業を継承した格好で、各地にその痕跡を遺している。たとえば、三河国一の宮の砥鹿（とが）神社（愛知県宝飯郡一の宮町）は大己貴神を祀るが、天保二年に出土した六区袈裟襷（けさたすき）文の有名な砥鹿神社鐸を蔵する。さらにその南の宝飯郡御津村広石、同御油町水戸山、八幡村平尾源祖（現、豊

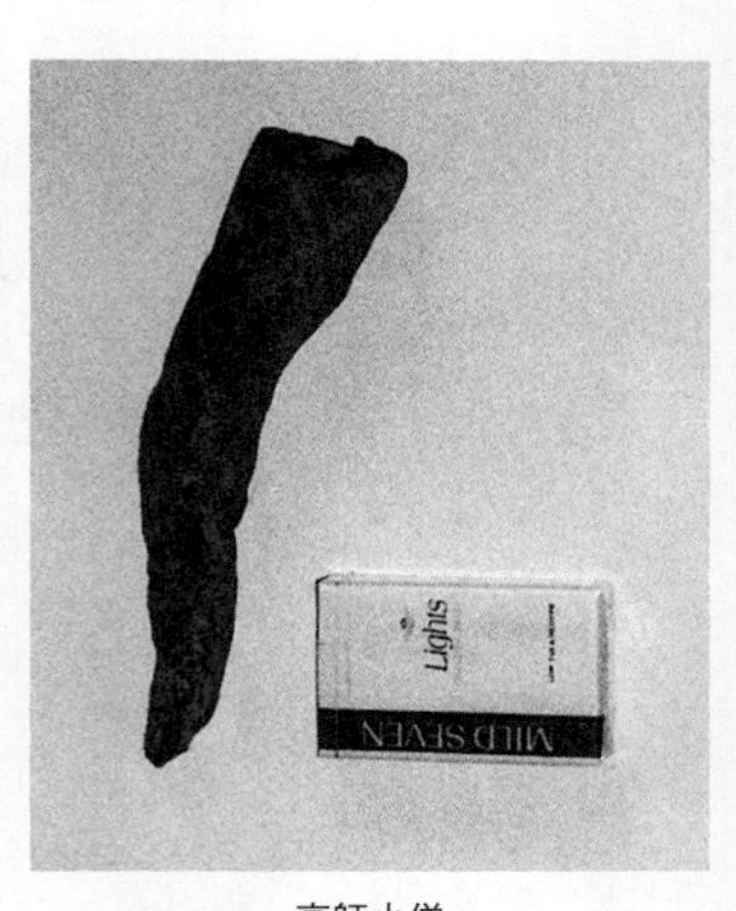

高師小僧
（滋賀県日野町出土・柴田弘武氏提供）

川市）、同十両、小坂井町伊奈、豊橋市瓜郷から、それぞれ銅鐸が出土していて、この付近は全国でも屈指の銅鐸密集地であるが、この地は『和名抄』三河国宝飯郡賀茂郷で、そこに賀茂社の存在していることを大場氏は指摘される。ところが、この地こそ、豊川河口の扇状地をひかえ、かつては沼沢のあったことは明らかで、しかもその南の高師原から発見された褐鉄鉱の団塊が「高師小僧（たかしこぞう）」である。私説にいう弥生時代の製鉄地と目される。

遠江では、静岡県引佐郡中川村からは、江戸時代末と明治時代にあわせて四個の銅鐸を出土し、同じく引佐郡気賀町小野、三か日町からも、また浜名郡では、浜松南方の海浜、五島村松島、和田村永田、芳川村、白須賀町等から出土している。

大場氏は浜名郡に式内社弥和山神社があり、中川村には三和の地名があることによって、ミワ氏との結びつきを指摘されたが、引佐郡気賀は『和名抄』による伊福郷の地であり、そこに伊福の地名ものこっていることは谷川氏も指摘された。

　したがって、銅鐸出土地が、カモ・ミワ氏だけのものでも、伊福・尾張氏だけのものでもなく、それらの氏族が、たがいにある程度地盤を分かちあいながら併存していたことが考えられるが、少なくともカモ氏・カモ郷は銅鐸出土地と結びついていたのである。しかもカモ・ミワ氏のみならず尾張氏も銅鐸出土地と結びつくのは、じつはそこが弥生時代以来の産鉄地であったからであって、弥生時代のスズの採取地と銅鐸の出土地とが結びつくのである。

　銅鐸がなぜ埋められたかは、製鉄の原料であるスズを求めた祭祀の料としてであった。それではなぜ一斉に用いられなくなったのか。ほかでもない、製鉄の原料を得るためには鉄穴流しの方法による砂鉄採取の技術を会得したこと、とくに三世紀代よりの、天日槍らの名で象徴される帰化系技術者（韓鍛冶）の渡来によって、技術革新がなされ、さらに大量の鉄挺も輸入されるにおよんで、沼沢・湿原の薦や葦の根にスズが生るのを気永く待つ必要がなくなったからにほかならない。製鉄技術の革新が、弥生時代の銅鐸祭祀の終焉と古墳時代のはじまりを告げるのである。

神原神社古墳

加茂岩倉遺跡の南約三キロ、赤川の南岸には神原神社古墳がある。昭和四十七年八月、川幅拡張工事に先立って発掘調査したところ、神原神社旧本殿下より発見された。竪穴式石室をもつ四世紀代の古墳で、方三十メートルの古墳時代初期の方墳である。現在は、元の位置から五十メートル南方に移転復元されているが、副葬品に景初三年(二三九)の銘文のある径二三センチの三角縁神獣鏡をはじめ、素環刀太刀・剣・鉾・鉄鏃・鍬・鎌・斧・鈍・錐・縫針等多数の鉄製品や土器が出土した。三角縁神獣鏡は、耶馬台国の女王卑弥呼が魏王より贈られた銅鏡百枚の中の一枚とみられている。

神原神社(式内社)は、大己貴神をまつるが、『出雲国風土記』大原郡には、

神原の郷　郡家の正北九里なり。古老の伝へて云へらく、天の下造らしし大神の御財を積み置き給ひし処なり。即ち、神財(かむだから)の郷と謂ふべきを、今の人、猶誤りて神原(かむばら)の郷といへるのみ。

とあり、すでに古代において、神財の積みおかれた地と伝えられていたことから、付近から銅鐸が出土したことも不思議ではなかった。

また、神原神社の南東九百メートルの真正面の丘陵には数十基の群集墳があり、中には、十三メートルの長方墳もある。

神原神社

『日本書紀』崇神天皇六十年の条に、武日照命が天より将来した神宝は出雲大神の宮に蔵めていたが、天皇がそれを見たいというので献らしめようとしたところ、それを管掌していた出雲臣の遠祖出雲振根(ふるね)の留守中に弟の飯入根(いいいりね)が朝廷に献ったので、振根は飯入根を殺したため、朝廷は吉備津彦と武渟河別(たけぬなかわわけ)を遣わして出雲振根を誅した。

　飯入根の墓は近くにある宿米塚というのがそれであり、兄振根の墓は兄塚というのがあるがそこは何もなく、神原神社古墳がそれで、隠し墓であったろうという（神原神社宮司宮川昌彦氏談）。はたしてそこからおびただしい副葬品が出土したのである。

松本古墳群

神原神社から西南九キロ三刀屋町給下には松本古墳群がある。わたしは、神原神社から車を走らせて三刀屋町を探訪した。飯石郡（現、雲南市）三刀屋町大字給下に、三屋神社（式内社、祭神は大己貴神・素戔嗚尊・稲田姫命・脚摩乳命・手摩乳命）が鎮座し、その背後高丸山に散在する前方後方の古墳群がある。一号墳から三号墳まであり、一号墳の墳丘上に、鉄滓の塊や、周辺に鉄分を多量に含む石を認めた。鉄滓はいわゆる金糞で製鉄に際してできた不純物であるから、他から持ち込むことはあり得ない。かならずその付近で製鉄が行われていた証拠である。

吉野裕氏は、松本古墳群は、川砂鉄産地の真っ只中に成立した鍛冶王古墳であるとされた。方墳または前方後方墳は、出雲国に集中的に存在するほか、類似のものが美作をはじめ吉備国に多く、いずれも産鉄地であることから、前方後円墳が農地を支配して大をなした首長の墳墓であるのに対し、鍛冶王の古墳として特殊性をもつものとされたのである。

銅鐸・銅剣と出雲の製鉄

荒神谷遺跡にしても、加茂岩倉遺跡にしても、出土したのは銅鐸・銅剣・銅矛等の青銅器である。出雲には出雲大社裏山、旧平田市周辺をはじめ、銅資源が豊かである。同様にまた出雲は砂鉄の宝庫でもあった。発見された銅鐸や銅剣と、出雲における製鉄との関係を考察した見解はまだ聞いていないが、加茂岩倉のおびただしい銅鐸がどこで鋳造されたかもまた謎となっている。近畿地方で鋳造され、大和政権が出雲の国譲りと引換に贈与したとの説や、近畿地方で発見された石型鋳型で製作された同笵（どうはん）銅鐸（兄弟銅鐸）ではないかとの説もあるが、一つの鋳型からいくつも鋳造することは不可能で、むしろ出雲で製作されたものとする見解もある。それにしても出土地は産鉄地の真っ只中である。現地は赤川の支流猪尾川の水源近く、谷の曲がり角の沢となっ

加茂岩倉遺跡銅鐸出土状況
（島根県教育委員会提供）

たところに面した山の斜面である。その沢には、かつては水中の鉄分が沈澱堆積して褐鉄鉱を形成したことであろう。

それではなぜこのような谷あいに、三十一個もの銅鐸を埋めたのか、荒神谷遺跡にしても三百五十八本もの銅剣を埋めたのか。

考古学界では謎として、ここに鉄があったとは誰も発言していないが、わたしはおそらくは、スズ（褐鉄鉱）の生った地と推測する。なぜこのように大量に埋められたのか、それは各地で褐鉄鉱（スズ）を採りつくした末、ここに残存した最後の密集地であったからであろう。加茂岩倉の銅鐸は、まさにスズを採りつくした末に、再び生成されることを祈って埋祭したのであろう。荒神谷も、スズの生る葦や薦の葉を象徴した銅剣・銅矛を埋納した地であろう。探査すれば、出雲には、このような谷あいの沢に面した傾斜地に、今後もなお銅鐸・銅剣が出土しても不思議ではない。これまでの発見は、たまたま農道等の工事現場から出土したもので、到るところにそうした地がありえるからである。

『出雲国風土記』と産鉄地

『出雲国風土記』出雲郡には、「出雲の大川」の項に

源は伯耆と出雲と二つの国の堺なる鳥上山より出で、流れて仁多の郡横田の村に出で、
即ち横田・三処・三沢・布施等の四つの郷を経て、大原の郡の堺なる引沼の村に出で、
即ち来次・斐伊・屋代・神原等の四つの郷を経て、出雲の郡の堺なる多義の村に出で、
河内・出雲の二つの郷を経て、北に流れ、更に折れて西に流れて、即ち伊努・杵築の二つの郷を経て、神門の水海に入る。

とあり、同仁多郡では、三処の郷・布施の郷・三沢の郷・横田の郷をあげているが、「横田郷」の項に

以上の諸郷より出だすところの鉄堅くして、尤も雑の具を造ると堪ふ。

と注している。すなわち、出雲の大川とされた斐伊川流域の三処・布施・三沢・横田各郷ともに鉄を産したことがうかがわれる。

また飯石郡には

波多の小川。源は郡家の西南のかた廿四里なる志許斐山より出で、北に流れて須佐川に入る。鉄あり。

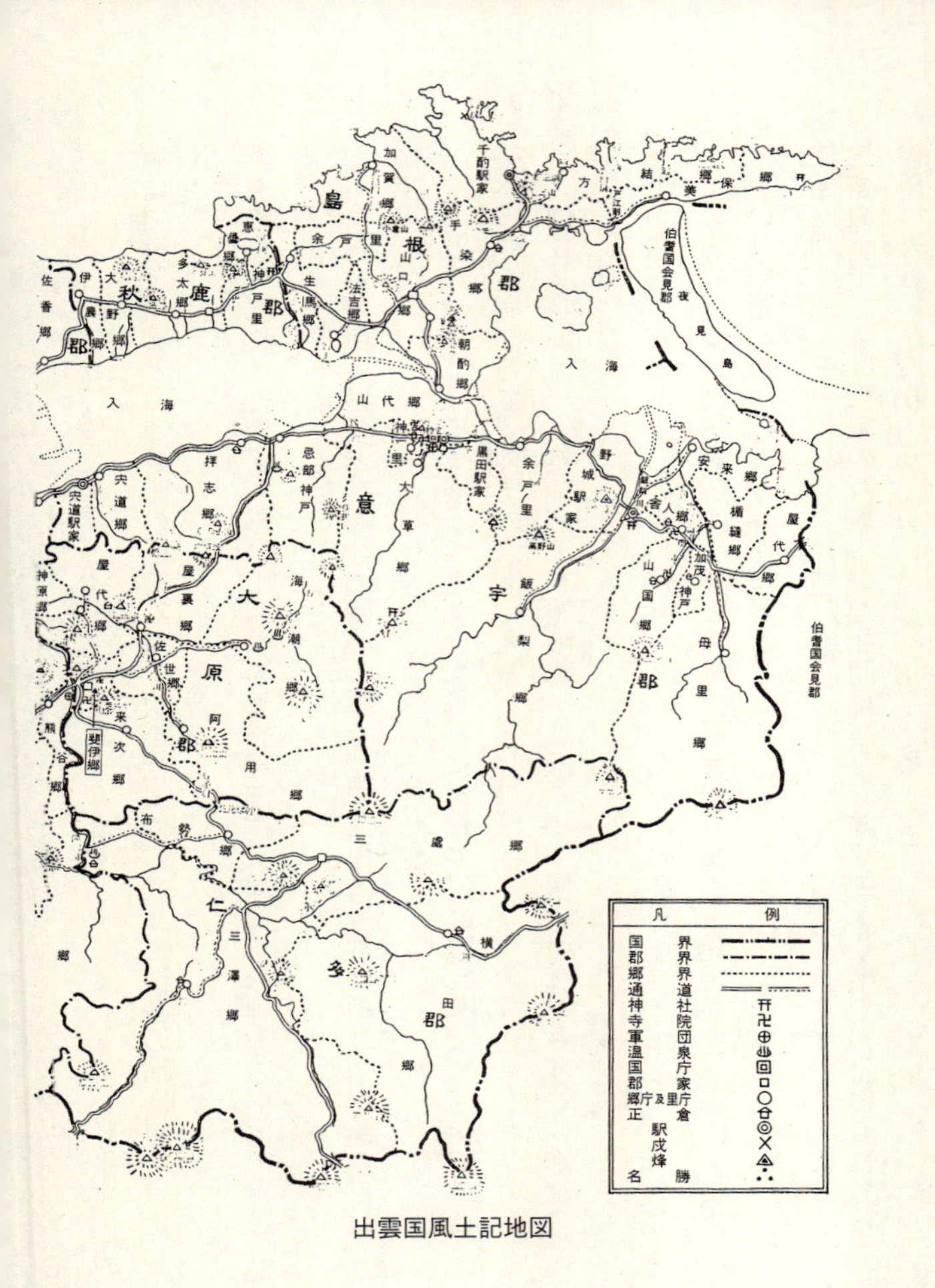

島根郡
秋鹿郡
意宇郡
大原郡
仁多郡
入海
伯耆国会見郡
夜見島
千酌駅家
黒田駅家
野城駅家
宍道駅家
加賀郷
手染郷
朝酌郷
山口郷
法吉郷
生馬郷
美保郷
余戸里
恵曇郷
多太郷
神戸里
大野郷
伊農郷
佐香郷
山代郷
拝志郷
宍道郷
忌部神戸
大草郷
飯梨郷
安来郷
楯縫郷
舎人郷
屋代郷
山国郷
母里郷
屋裏郷
海潮郷
佐世郷
阿用郷
来次郷
斐伊郷
神原郷
熊谷郷
布勢郷
三処郷
三澤郷
横田郷
高野山
凡例
国界
郡界
郷界
通道
神社
寺院
軍団
温泉
国庁
郡家
郷庁及里庁
正倉
駅
戍
烽
名勝

出雲国風土記地図

　飯石(いいし)の小川。源は郡家の正東一十二里なる佐久礼(さくれ)山より出で、北に流れて三屋(みとや)川に入る。鉄あり。

と記し、いずれも砂鉄を産し、各河川流域には現にたたら場跡が少なくない。飯石郡吉田村の菅谷たたら、横田町横田の奥出雲たたら、同横田町羽内谷鉱山、佐田町高津窟の朝日たたら等、いずれも近世のたたら場跡であるが、古代より連綿と伝承されてきた技術の跡である。

　垂仁天皇紀二十六年の条に、物部十千根によって出雲の神宝が検校されたとし、ま

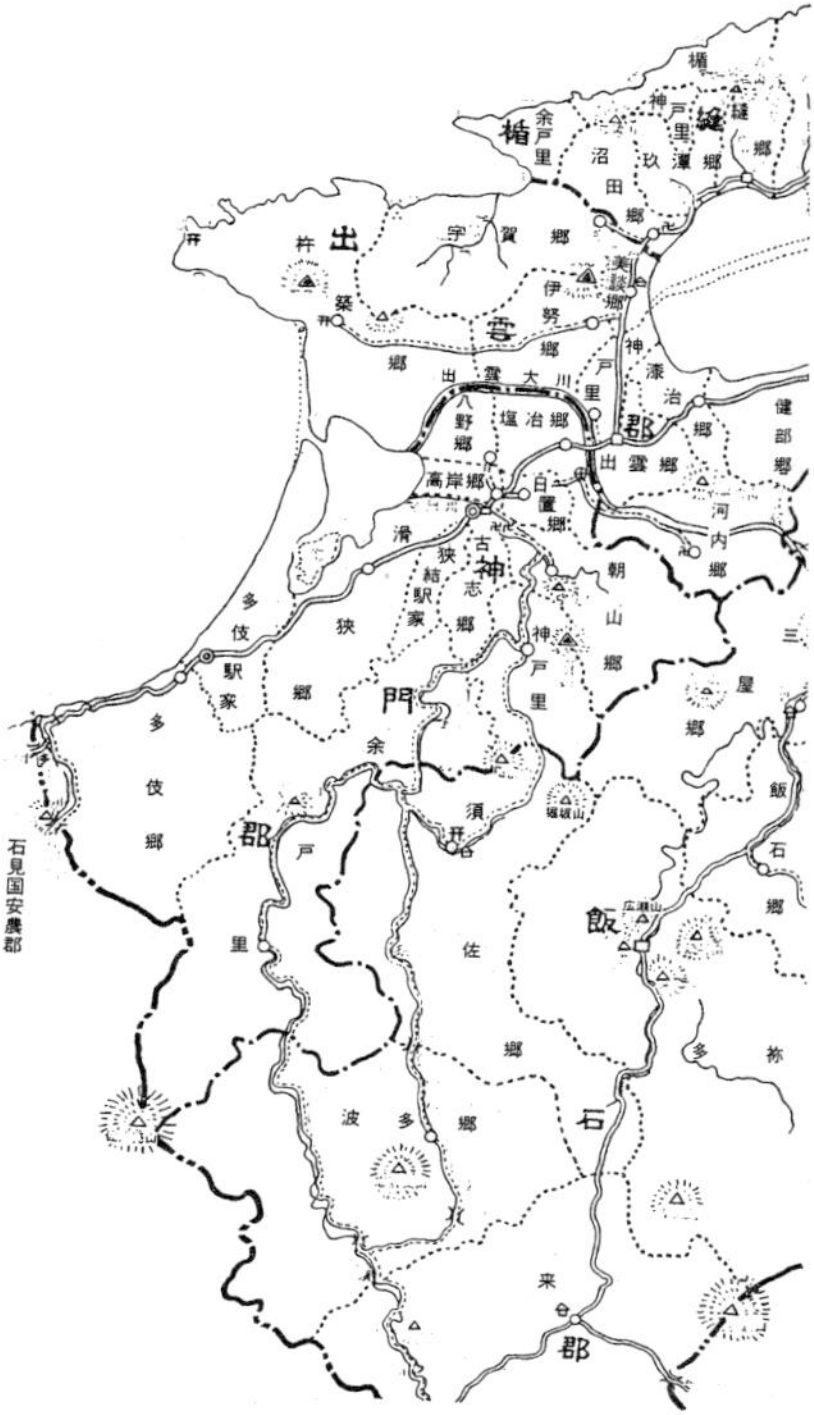

た『古事記』の景行天皇の段にも倭健命が出雲建を打殺したとする記事があり、大和朝廷による出雲平定の史実が記録されている。その事実を反映したのが、大国主命の国譲りの神話であるとは、田中卓氏がかねて説いておられたところであるが、田中氏によると、出雲氏の勢力は荒神谷村付近一帯に本拠地があったとみてよく、出雲氏の根拠地としていかにもふさわしい要衝の地であり、この地で大和朝廷に対する国譲りが行われ、そのときに隠匿されたのが問題の青銅器であろうとされている。加茂岩倉遺跡の銅鐸もそのさいの隠匿とされている。

玉菩鎮石

ところが、先に記した振根の事件以来、出雲臣は出雲大神を祭らずにいたところ、丹波の氷上の氷香戸辺という人物が、自分のこどもが語ったとして呪文のような言葉を奏上した。出雲臣とは、天菩比命の子孫で、高天の原より葦原中国に派遣されたが大国主命に媚びついて三年に至るも復命しなかった神として神話に描かれている。出雲大神とは大国主命（オオナムチの神）のことである。こどもの言葉は次のとおりである。

玉菩鎮石。出雲人の祭る、真種の甘美鏡。押し羽振れ、甘美御神の底宝御宝珠。

山河の水泳る御魂。静掛けよ甘美御神の底宝御宝主なり。（崇神天皇六十年紀）

これは小児の言葉として語られているが、必ずや神の託宣に違いないというので、皇太子は天皇に奏上し、勅して出雲大神を祭らしめられることになったのであるが、ここにいう「玉菩鎮石」とは何か。従来謎とされてきた。「真種の甘美鏡」とあるから鏡とみる説、底宝を真珠とみる説等があり、諸説あるがいずれとも決し難いのが実情であった。

「玉菩鎮石」とは玉のように水中の藻（植物）に石がついて鎮んでいるとすれば、水中の植物に鉄分が沈澱堆積して形成された高師小僧（褐鉄鉱の団塊）のようなものこそがそれと察せられる。それは、古代の人びとにとっても不思議な、まさに神の御魂であり、「底宝」であった。

「山河の水泳る御魂」というのは、水中に形成される団塊をそのまま表現している。従来の学者は、何人もこのことに気づいていない。水中の植物に褐鉄鉱が形成され、それが製鉄の原料となったとは誰も想像さえできなかったからであるが、出雲にもそれはあったに違いない。なぜなら、砂鉄の宝庫ともいうべき出雲の山地から流れ出る水は、鉄分を豊富に含んでいるからであって当然である。それは多分、山あいの谷の沢になった辺りに生るものと思ってよい。

出雲国とスサノヲノミコト説話

記紀神話によると、スサノヲノミコト（『記』須佐之男命・『紀』素戔嗚尊）は、荒びの所業がつのったため高天の原を追放されて、青草の笠蓑を着て諸国を漂泊した末、出雲の肥の河上、鳥髪の地に降臨し、八俣の大蛇を退治し、アシナツチ・テナツチの娘、櫛稲田姫を救ったとされる。この鳥髪の地は肥の河上（斐伊川）の鳥髪の地（鳥上山）であるとされている。

八俣の大蛇退治伝説は、肥の河（斐伊川）の砂鉄を支配したスサの男の物語である。通説では八俣の大蛇が製鉄民で、製鉄によって生ずる土砂が、農地を荒らしたため製鉄民を討伐して難渋する農耕の民を援けたとするが、製鉄民と農耕民の対立抗争とみるのは当らない。初期製鉄の段階では、「鉄穴の神」の章で述べたとおり製鉄の民と農耕の民と分化してはいなかった。八俣の大蛇とは、斐伊川の砂鉄そのもので、これを採取し鉄穴流しのたたら製鉄を支配したのがスサの男の神（スサノヲノミコト）であった。

出雲国にはスサノヲノミコトをまつる神社が多い。熊野大社にしても、神祖熊野大神櫛御気野命（かむろぎくまののおおかみくしみけぬのみこと）とはスサノヲノミコトのことである。八重垣神社もスサノヲノミコト・

須佐川

クシナダヒメを祭る。

さらに、斐伊川流域には、スサノヲノミコト伝説地が多い。斐川町出西にある稲城の森にはスサノヲノミコトが大蛇退治の本拠地にしたところ。神原にある枕のような形をした山は草枕山といい、毒酒を飲んだ大蛇が苦しんで枕にして寝た山という。

斐川町宇屋谷（荒神谷の東の谷）と加茂町大竹との境にある水越峠には、スサノヲノミコトに追い立てられた大蛇が苦しんで草枕の地に横たわったので、斐伊川の水がせきとめられ水位がどんどん上がって、この峠を越したところという。

木次町里方の八本杉は斐伊神社の西百メートルのところにあり、スサノヲノミコトが大蛇を退治してその頭を埋めた印として八株の杉の木を植えた跡であるという。木次町寺領の室山の麓に二つの大岩があり、釜石というが、大蛇退治のため毒酒をつくった跡。同湯村の天が淵は大蛇のすみか。天が淵に迫る急峻な山「伴昇が峰」の麓にアシナツチ・テナツチがクシナダヒメと住んでいた。その山上にある大岩は、アシナツチ・テナツチの陵である。

仁多郡奥出雲町佐白の長者屋敷もアシナツチ・テナツチの住んでいた屋敷跡との伝承がある。同町稲原の稲田神社はクシナダヒメの誕生地。同船通山の鳥上の滝は大蛇のすみかであったという。

斐伊川支流に須佐川があり、現在出雲市佐田町に須佐神社があり、その宮司家は代々須佐氏を称し、スサノヲノミコト後裔と伝える。

『出雲国風土記』飯石郡須佐郷に、

須佐の郷　郡家の西百十九里なり。神須佐能袁命の詔りたまひしく、「此のくには小さき国なれども、国処なり。故、我が名は石木にはつけじ」と詔りたまひて、即ち、已が命の御魂を鎮め置き給ひき。しかして即ち、大須佐田・小須佐田を定め給ひき。故、須佐といふ

とある。これは地名起源説話であるが、ここに「我が名は石や木にはつけない」とし

て「己が命の御魂を鎮め」ということは、何を意味するのか。石でも木でもないとすれば、金しかない。金とは鉄であり、砂鉄に自分の魂を鎮めたというのである。つまり、スサ（渚沙）を以て名とした所以を語っている。さらに、仁多郡に記すのが、先述の横田郷・波多の小川・飯石の小川の記事である。

わたしは須佐の地に赴き須佐神社に参拝し、隣接して設けられているスサノヲ館を見学した。須佐神社の傍を流れる須佐川は現在改修されているが、砂鉄が堆積して酸化発色していた。

門脇禎二氏はこの地をスサノヲノミコトの原郷であると想定し、スサノヲは「須佐の男」でありこの地の地主神としている。ただし門脇氏は、神門川・斐伊川流域の鉄生産について「そんな古い時代はもとより古墳時代の遺物でも多く確かめられているわけではなく、出雲が鉄生産の中心となるのはもっとのちのことである」とされているが、弥生時代後期には低品位鉱石による精錬が行われていた。

奥野正男氏によると、砂鉄などチタン分の多いものは高温でないと還元できないが、褐鉄鉱を原料として密閉式の炉内に木炭や原料を入れて点火し、送風をつづけると、半熔解状の海綿鉄が得られる。この中から良質な部分をとりだして加熱・鍛打をくりかえして純鉄を得ることができるというものである。岡山県、門前池遺跡では、焼土面と棒状鉄器が出た弥生中期末の住居址に褐鉄鉱が集められていたという。山口県美祢市の秋吉台地の鉛山には、鉄分六〇～八〇％の褐鉄鉱の露頭近くに、三～四百トンにのぼる鉄滓が堆積していて、褐鉄鉱を原料とする製鉄が行われていたことを示しているという。

褐鉄鉱からの製鉄

従来の通説では、褐鉄鉱からは製鉄できないとされていたが、わたしは平成三年八月、長野県浪合村（現在は阿智村に編入）で、古代製鉄実験の結果、「鬼板」と呼ばれる褐鉄鉱から鉄製錬に成功したとの報に接した。それは弥生時代の製鉄の可能性を検証しようと、「野外教育センター」と「金属の会」が共催で各種の実験を繰り返すなかで、平成元年三月、飯田市伊豆木で発見された褐鉄鉱（鬼板）を用いての実験であった。実験はさらに繰り返されて、同年十一月二十三、四日「下条村産鉄綜合調査実行委員会」（委員長・原田島村伊那史学会代表）によって鬼板製鉄の可能性を立証し、小刀の製品化に成功した。このことは褐鉄鉱による弥生時代の製鉄を裏づけるものである。

出雲地方でも、現に神原神社古墳で、景初三年銘の銅鏡とともに多数の鉄製品が出土しているのであるから、少なくとも三世紀代前半以前より製鉄が行われていたとみてさしつかえない。その場合の原料は、褐鉄鉱であったはずである。なぜなら、先述のようにチタン分の多い砂鉄からは、一五二五度以上の高温でないと還元できないが、褐鉄鉱は九〇〇〜一〇〇〇度の低温でも還元できるからである。すでに青銅器の鋳造を行って、精度の高い銅鐸さえも製作していた弥生時代人であるから、当然行い得たことは間違いない。

ただ残念なことは、弥生時代のそうした鉄製品の遺物が発見されていないことであるが、それは、ひとつには砂鉄から精錬した鉄製品よりも純度が低いため、酸化腐蝕する度合いも早く、形態を遺していないからにほかならない。そのことは、弥生時代の畿内に考古学的遺物として、製鉄品が全く出土していないこととも関係がある。畿内の弥生時代の土中から、銅鐸は発見されているが、鉄製品がないのは、弥生時代に製鉄が行われていなかったのではなく、すべて土に還元されて形を遺していないだけの話である。

素尊鉄神論

かくして、出雲国におけるスサノヲノミコトの活躍と、古代製鉄の痕跡から、私見はスサノヲノミコトを鉄神とみているが、吉野裕氏もかねて素尊鉄神論を展開されていた。

吉野氏は、前記『出雲国風土記』飯石郡須佐郷の条にみえる、スサノヲノミコト鎮魂伝説の検討から、スサノヲノミコトとは〈渚沙の男〉、すなわち、海や河の洲（渚）に堆積した砂鉄を対象として製鉄に従事する男性集団を意味する、と説かれ、八雲郡八雲村熊野鳥村の通称「金屑山」の谷間で、弥生時代中葉以降のものとみられるタタラ炉の跡がみつかり（昭和四十五年）、また松江市西忌部町柳原の標高二〇〇メートルの花崗岩中より、弥生時代末期の溶鉱炉跡が発見されているところから、弥生中・後期にはこの方面で製鉄のはじまっていたことを示唆され、前述の松本一号墳が、川砂鉄産地の真只中に成立した鍛冶王古墳であるとされたのである。

また、水野祐氏も、意宇郡、出雲郡には五世紀代の古墳が集中している。意宇郡の古墳は大庭村を中心として、意宇川下流域に方墳が密集し、神門・出雲・飯石方面には、円墳または前方後円墳がややおくれて出現している。また『出雲国風土記』におけるスサノヲノミコトの神話は意宇・大原二郡および飯石郡に分布していることによって、スサノヲノミコトは、新羅から渡来した韓鍛冶集団が祖神とした神で、斐伊川・神門川に沿って西出雲の奥地に入り、その地に土着した神であり、この神の本拠地は飯石郡の須佐郷を本貫としてそこから勢力を振るい、仁多・大原郡におよび、さらに意宇郡に進出してきたとされる。

すなわち、新羅系渡来民の韓鍛冶集団は、スサノヲノミコトを共同体の祖神として斎（いつ）きつつ、西出雲の山地の渓谷に沿ってその地に先住した出雲山間部の集団と混淆し、かつ砂鉄を独占支配するにいたり、鉄器文化を背景に意宇郡に進出して杵築の勢力をそこから駆逐したとされるのである。

スサノヲノミコトとオオナムチノミコト

吉野氏が、スサノヲノミコトを鉄神〈鍛冶王〉とし、水野氏がまた「新羅系韓鍛冶集団の共同の祖神」とされるように、少なくとも出雲における製鉄集団が奉じた神として、スサノヲノミコトのあったことがわかる。ただし、出雲はいうまでもなくオオナムチの神の世界である。スサノヲノミコトはオオナムチの神の祖神であるが、鉄とのかかわりではこれをどう解釈すればよいのか。

吉野氏はオオナムチの神について、「彼はスサノヲノミコトの娘と結婚し、いわばスサノヲの跡目を相続して〈大国主〉とよばれて祝福された存在だから、スサノヲノミコトよりはいっそう発展して山砂鉄などにも手をのばした大〈鍛冶王〉だったかもしれない」とされているが、私見では大穴持命は、むしろ在来の〈倭鍛冶〉によって奉じられた神で、帰化系技術者である韓鍛冶の渡来によって、共同の祖神としてスサノヲノミコトを奉祀し、オオナムチの神（大己貴神）の祖神として崇敬したのであろうと想像している。すなわち、スサノヲノミコトは、元来鉄神としての性格を持っていたことを想像せしめるのである。しかも、かなり早期の砂鉄採取以前の段階における習俗が残存して今日に至っているものと推定するのである。

そして出雲の荒神谷の銅剣・銅矛・銅鐸も、加茂岩倉の銅鐸も、いずれも谷あいの沢に生（は）える葦や薦の根に生（な）った褐鉄鉱の増殖を祈念して埋祭したものであろう。一括埋納されているのは、この地方における最後の密生地で採りつくしてしまって、再び生成されることを祈って埋めたとも考えられる。あるいは、また渡来系技術者によって砂鉄による精錬の方法を習得したことにより、弥生時代は終焉し、古墳時代に移行したことを示すものであるとみられる。

五　倭鍛冶と韓鍛冶の神々

射楯兵主神社

兵庫県姫路市の中心に播磨国総社、射楯兵主神社がある。射楯兵主神社の祭神は、『延喜式』神名帳に、

射楯兵主神社　　二座

とあり、現在、東殿に射楯神、西殿に兵主神を祭るとしている。この二神が併せて祭られているところは、全国にこの一社だけで、神名帳によると、イタテ神・兵主神は全国各地に分布しているが、この両神の性格を調べてみると興味ある問題が浮かんでくる。

播磨総社・射楯兵主神社

イタテ神と兵主神とはいかなる神か、『延喜式』神名帳によってその分布を確かめると、次のとおりである。

イタテ神

国	郡	神社名	祭神名
山城	愛宕	伊多太神社	不詳
尾張	春日部	伊多波刀神社	高皇産霊尊ほか
伊豆	賀茂	伊大氐和気命神社	五十猛命
陸奥	色麻	伊達神社（名神大）	五十猛命
丹波	桑田	伊達神社	五十猛命
出雲	意宇	玉作湯社坐韓国伊太氐神社	五十猛命
出雲	意宇	揖夜社坐韓国伊太氐神社	五十猛命
出雲	意宇	佐久多社坐韓国伊太氐神社	五十猛命
出雲	出雲	阿須伎社神韓国伊太氐神社	五十猛命
出雲	出雲	出雲社韓国伊太氐神社	五十猛命
出雲	出雲	曽枳能夜社韓国伊太氐「奉」神社	五十猛命

国	郡	神社名	祭神名
播磨	餝磨	射楯兵主神社　二座	
播磨	揖保	中臣印達神社（名神大）	五十猛命
紀伊	名草	伊太祁曽神社（名神大、月次・相嘗・新嘗）	五十猛命
紀伊	名草	伊達神社（名神大）	五十猛命

兵主神

国	郡	神社名	祭神名
大和	城上	穴師坐兵主神社（名神大、月次・相嘗・新嘗）	大己貴神
大和	城上	穴師大兵主神社	素戔嗚尊
和泉	和泉	兵主神社	八千鉾大神
参河	賀茂	兵主神社	大己貴神
近江	野洲	兵主神社（名神大）	八千矛神
近江	伊香	兵主神社	大国主命
丹波	氷上	兵主神社	大名持命
但馬	朝来	兵主神社	大己貴神
但馬	養父	兵主神社	八千矛命

但馬	養父	更杵村大兵主神社	素戔嗚尊
但馬	出石	大生部兵主神社	大己貴神
但馬	気多	久刀寸兵主神社	大国主命
但馬	城崎	兵主神社（豊岡市赤石）	速須佐之男命
但馬	城崎	兵主神社（豊岡市山本）	速須佐之男命
因幡	巨濃	佐弥乃兵主神社	天照大神
因幡	巨濃	許野乃兵主神社	大国主命・素戔嗚尊
播磨	餝磨	射楯兵主神社　二座	
播磨	多可	兵主神社	大己貴神
壱岐	壱岐	兵主神社（名神大）	

（右の祭神名は、『式内社調査報告』によった）

右の表にみえるイタテ神は「伊多太」「伊多氐」「伊太氐」「伊達」「射楯」等に表記されるが、肥後国玉名郡船山古墳より出土した鉄製直刀の銘文に、

作刀者伊太□書者張安也

とあるところにより、「伊太□」とは「作刀者」と推定せられており、要するに「韓

鍛冶」と称した帰化系製鉄技術者の奉祀するところであったことは疑いない。

ところで、このイタテ・兵主両神の分布をみると、イタテ神は出雲に圧倒的に多く六社を数え、ついで紀伊・播磨の各二社であるのに対して、兵主神は但馬（五社）にもっとも多く、ついで因幡・播磨・近江・大和が各二社である。

播磨はイタテ・兵主両神とも二社あり、しかもその中の一社は射楯兵主神社であるから重複しているが、両神分布の接点となった地域であることをうかがわせる。山本博氏は、「兵主神が集中しているのは但馬であり、但馬は出石文化の中心、天日槍命の本拠であったから、兵主神はアメノヒボコであり、イタテ神は出雲に集中しているから出雲系である」とされ、イタテをシコヲ（葦原志許男神）、兵主をヒボコ（天日槍命）とおきかえて、播磨国では「イタテ（シコヲ）と兵主（ヒボコ）が国占めで争い、全般としてシコヲの勢力の中へ、出石勢力が食い込んだ」と説かれる（『古代の製鉄』学生社）。

シコヲ神、すなわちオオナムチの神とアメノヒボコとは、後述するが国占めを争ったことが、『播磨国風土記』に記されているから、これを以てただちに、兵主神をアメノヒボコ、射楯神をシコヲ、すなわちオオナムチの神にほかならないとみることは早計である。その分布範囲をみてもシコヲの神、すなわちオオナムチの神は出雲の神であり、イタテ神が出雲に多く祀られているからというのは、オオナムチ神を出雲に発祥した神とする先入観によるもので、大和の三輪山に発祥した土着氏族の奉ずる神とする説もあり、しかもイタテ神が、とくに出雲においてはすべて「韓国」と冠しているのであるから、帰化系氏族によって奉祀された神と察せられ、この神を土着氏族の奉じたオオナムチの神とただちに置き換えるわけにはいかないのである。しからば兵主神、またイタテ神とはいかなる神か、まず『播磨国風土記』に描かれている世界から検討してみよう。

国占めの争い

『播磨国風土記』には、アシハラシコヲ（葦原志挙乎命）、もしくは伊和大神と、アメノヒボコ（天日槍命）が国占めの争いをした説話が頻出する。

①粒丘（いいぼのおか）　粒丘と号（なつ）くる所以（ゆえ）は、天日槍命（あめのひぼこのみこと）、韓国より度り来て、宇頭の川底に到りて、宿処を葦原志挙乎命に乞はししく、「汝は国主たり。吾が宿らむ処を得まく欲ふ」とのりたまひき。志挙乎即ち海中を許しましき。その時、客の神、剣を以ちて海水を攪きて宿りましき。主の神、即ち客の神の盛なる行を畏みて、先に国を占めむと欲して、巡り上りて、粒丘に到りて、餐したまひき。ここに、口より

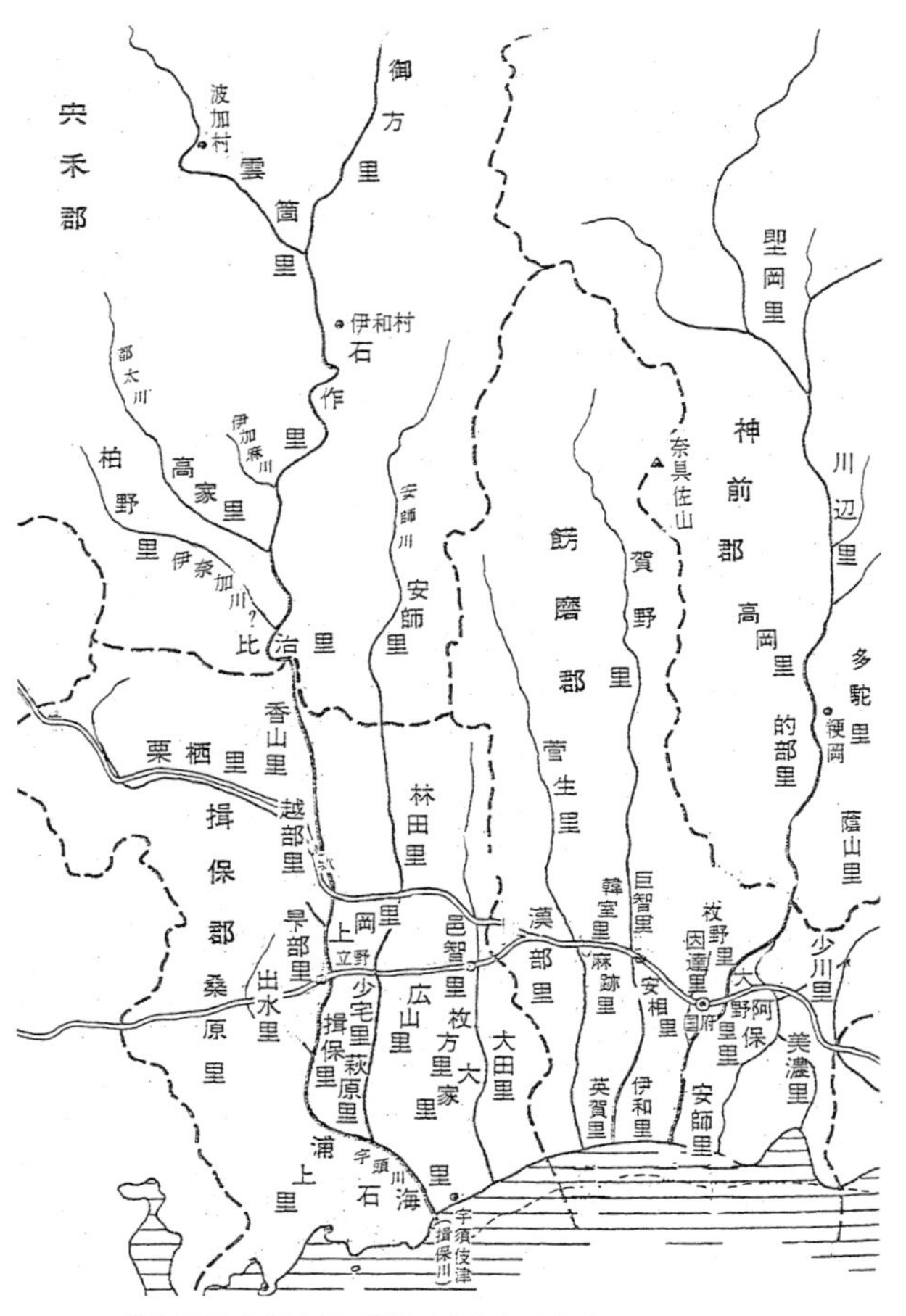

播磨国風土記略図（『岩波古典文学大系 2』より修正）

粒落ちき。故、粒丘と号く。其の丘の小石、皆能く粒に似たり。又、杖を以ちて地に刺したまふに、即ち杖の処より寒泉(しみず)涌き出でて、遂に南と北に通ひき。（揖保郡）

②奪谷(うばいだに)　葦原志挙乎命と天日槍命と二はしらの神、此の谷を相奪ひたまひき。故、奪谷といふ。其の相奪ひし由を以ちて、形、曲がれる葛(ふじ)の如し。（宍禾(しさわ)郡）

③伊奈加川(いなか)　葦原志挙乎命、天日槍命と、国占めましし時、嘶(いなな)く馬ありて、此の川に遇へりき。故、伊奈加川といふ。（同）

④波加(はか)の村　国占めましし時、天日槍命、先に此処に到り、伊和の大神、後に到りましき。ここに、大神大きに怪しみて、のりたまひしく、「度らざるに先に到りしかも」とのりたまひき。故、波加の村といふ。此処に到る者、手足を洗はざれば、必ず雨ふる。（同）

⑤御方(みかた)の里　御形(みかた)と号くる所以は、葦原志挙乎命、天日槍命と、黒土の志爾嵩(しにだけ)に到りまし、各、黒葛(つづらみ)三条(すじ)を以ちて、足に着けて投げたまひき。その時、葦原志挙乎命の黒葛は、一条は但馬の気多の郡に落ち、一条は夜夫の郡に落ち、一条は此の村に落ちき。故、三条といふ。天日槍命の黒葛は、皆、但馬の国に落ちき。故、但馬の伊都志の地を占めて在しき。一(ある)ひといへらく、大神、形身と為て、御杖を

此の村に植てたまひき。故、御形といふ。（同）

⑥粳岡（ぬかおか）は、伊和の大神と天日桙命（あめのひぼこ）と二はしらの神、各、軍（いくさ）を発（おこ）して相戦ひましき。その時、大神の軍、集ひて稲舂（つ）きき。その糠聚（ぬかあつま）りて丘と為る。又、其の簸置（ひ）ける粳（ぬか）を墓といひ、又城牟礼山（きむれ）といふ。一（ある）ひといへらく、城（き）を掘りし処は、品太（ほむだ）の天皇の御俗（みよ）、参度（まいわた）り来（こ）し百済人（くだらびと）等、有俗（ならい）の随（まにま）に城を造り居りき。其の孫等は、川辺の里の三家（みやけ）の人、夜代（やしろ）等なり。（神前郡）

右のとおり、粒丘の項では、アメノヒボコが、韓国より渡来して宿処をアシハラシコヲ（葦原志挙乎命、オオナムチの神）に乞うたので、海中に許したところ、アメノヒボコは剣を以て海水をかきまわしてその上に坐した。これは、アメノヒボコが浜砂鉄を得て、それによる製鉄を背景として居を占めたことをいうものと思われる。アシハラシコヲは、アメノヒボコの盛んな様子を見て驚き、先に国を占めようと、粒丘に登って食事をした。食事をすると、杖を立てるという行為によって、先取権を表示したのである。

黒葛（くろかつら）

「御方の里」の項では、両神が三条の黒葛を足に着けて投げあったところ、アシハラシコヲ（葦原志挙乎命）の黒葛は但馬の気多と播磨の養父郡の村に落ちたが、アメノヒボコの黒葛はみな但馬に落ちたので、出石に居をしめたという。黒葛とは藤蔓と同じく、砂鉄を採るために水流に用いるざるのようなものであろう。鉄を採るには、砂鉄の多い山の土砂を流水に崩し入れ急流で洗うと土は流れ去り、鉄砂のみ水底にのこる。これをざるのようなもので採るが流水の中であるから藁の筵ではもたない、竹では固過ぎる。藤蔓で編んだものを良しとしたのである。黒葛というのも同様の意であった。

それに対して、さらに古い時代、おそらくは弥生時代より行われていたわが国の原初的製鉄に褐鉄鉱による方法があった。この弥生時代に行われていた褐鉄鉱の団塊による製鉄法よりいちだんと進んだ、砂鉄採取による製鉄技術を意味するのが藤蔓や黒葛であった。そして、播磨国にはアシハラシコヲに象徴される倭鍛冶（やまとかじ）が優位を占め、アメノヒボコは播磨に入りえなかったのである。

イワの大神とアメノヒボコ

糠岡では、伊和大神とアメノヒボコが戦ったとしている。

アシハラシコヲは、いうまでもなく、オオナムチノミコト（大己貴神）の別名であ

り、伊和大神は、『神名帳』播磨国宍粟郡に、

伊和坐大名持御霊神社（名神大）

があって、現在、一宮町に鎮座するところであるから、伊和大神もオオナムチノミコトにほかならないことが知られる。『播磨国風土記』飾磨郡、伊和里の項には、

右、伊和部と号くるは、積さはの郡の伊和君等が族、到り来たりて此に居りき。故、伊和部と号く。

とある。「伊和君」の奉じた神を「伊和大神」と称したのであろうが、同じく宍禾郡、伊和村の項に、

伊和の村　本の名は神酒なり。大神、酒を此の村に醸みましき。故、神酒の村といふ。又、於和の村といふ。

とあるところより、「イワ大神」とは「ミワ大神」にほかならず、「宍禾郡伊和村を本貫とする本名「ミワの君」の一族で、大和の三輪山周辺に発祥したオオナムチノ神を奉ずる氏族（オオナムチ神系氏族）の一が移住したものとみられる」（田中卓氏「古代出雲攷」）。

しかるに宍禾（しさわ）郡の伊和村も餝磨（しかま）郡の伊和の里も、ともに鉄の産地であったことが山本博氏によって証されているから、「イワ大神」とは、「ミワ大神」であるとともに、少なくとも砂鉄の採取、ないし製鉄に関与した氏族の奉ずるところであり、その神が、オオナムチの神であるとするならば、オオナムチの神は製鉄の神としての一面を具有するとしなければならない。はたせるかな、揖保郡、佐比岡の項に見える次の記事は、オオナムチノミコトが製鉄に関与したことを示唆するものである。

佐比岡　佐比と名づくる所以は、出雲の大神、神尾山に在しき。此の神、出雲の国人の此処を経過る者は、十人の中、五人を留め、五人の中、三人を留めき。故、出雲の国人等、佐比を作りて、此の岡に祭るに、遂に和ひ受けまさざりき。然る所以は、比古神先に来まし、比売神後より来ましつ。ここに、男神、鎮まりえずして行き去りましぬ。この所以に、女神怨み怒りますなり。然る後に、河内の国茨田（まむた）の郡の枚方の里の漢人、来至たりて、此の山の辺に居りて、敬ひ祭りて、僅に和し鎮むることを得たりき。此の神の在ししに因りて、名を神尾山といふ。又、佐比を作りて祭りし処を、即ち佐比岡と号く。（揖保郡）

記事の意は、佐比岡となづけた所以（ゆえん）は、出雲の大神が神尾山にあって、出雲の国人がここを通ると十人の中五人を留め、五人の中三人を留めた。出雲の国人が「佐比」を作ってこの岡に祭ったがどうしても受けられない。そのわけは、出雲の男神が先に来て、女神が後から来たが、男神が鎮まり得ないで先にいってしまったから、女神は恨み怒ったからである。その後、河内の国茨田の郡の枚方の里の漢人が来て祭ったらやっと鎮めることができた、というものである。

「佐比」とはスキ・クワの刃先として装着する鉄片である。鉄製の刃物の総称ともなり、これが酸化した場合「錆（さび）」となる。出雲大神は大己貴神とみてよいであろう。神尾山に祭られた出雲大神はここを通過する出雲人の少なくとも半数が必ず「佐比」を作って祭ったが、大神はどうしても受けられなかった。というのは満足な刃物が得られなかったのであろう。河内国の枚方に住む帰化系技術者すなわち韓鍛冶が来て、はじめて満足な刃物を得られたことがうかがわれる。男神と女神の話は、何か他の説話と混淆しているものであろう。少なくとも出雲大神（オオナムチ神）が製鉄に関与したことをはっきり語っている。

大己貴神は大国主命・葦原醜男・八千矛神・顕国玉神等、多くの名を持ち、しかもオオナムチは「大己貴」「大汝」「大穴牟遅」等に表記され、『出雲国風土記』では「所造天下大神大穴持命」となっている。

オオナムチの神とアメノヒボコ

このオオナムチ神の名義について、大穴牟遅神の表記によって、「鉄穴（かなな）」の神であることは先に証したとおりである。

オオナムチの神の勢力は、通常、稲作の民と解されているが、農耕には鉄製農工具を必要とし、その原材料となる鉄の採取もまた農工を推進する重要な要件であった。わが国における製鉄は弥生時代中期より始まっていたが、初期製鉄は、自然風を利用して行う原始的な技法であった。またその原材料には、砂鉄以前に褐鉄鉱の団塊（高師小僧・鈴石・鳴石・壺石等呼称）があったことも先に述べた。それは農耕の民みずからが必要な農工具を得るために行ったのであろうから、オオナムチの神が製鉄に関わったとしても、農耕神的性格は当然本来備わっていたと考えられる。

ようするに、オオナムチの神を奉ずる「イワ」族は、古い製鉄技術をもって農耕に従事した弥生文化の担い手であった。そこへやってきたのが、アメノヒボコの勢力である。アメノヒボコは外来の新しい技法による製鉄の民の奉じた神であり、「日矛」による「天的宗儀」をも伴った。

このオオナムチの神とアメノヒボコ、すなわち古い文化と新しい外来の文化が争って、播磨では一応、オオナムチの神の勢力、つまり旧い文化が優位を占めて、新しい外来文化を拒否する形となり、アメノヒボコの勢力は播磨に入り得ずして但馬に落着くこととなる。それが『播磨国風土記』の世界であった。

『播磨国風土記』に語られる伊和大神とアメノヒボコの争いは、右の新旧文化の抗争にほかならないが、ここでは伊和大神の名で語られる保守的文化が、アメノヒボコを代表とする新しい外来文化を、全体としては押し返した状況となっているのは、この地方の土着の民による製鉄技術がかなり進んでいたために、外来技術の採用を必要とするにいたらなかったことを意味する。

山本博氏は、この天日槍命を兵主神とされるのであるが、射楯兵主神社では伊和大神を兵主神とする所伝があり、伊和大神は大己貴神にほかならず、しかも天日槍命は大己貴神と国占めを争っていたのであるから、天日槍命を直ちに兵主神とすることは無理がある。しからば、兵主神とはいかなる神か、その前にイタテ神について調べてみよう。

播磨国の産鉄地

播磨国は良質の砂鉄を産し、宍禾郡、揖保郡、讃容郡の鉄は「千草鉄」「宍粟鉄」

として名高い。宍禾郡千草町岩野辺は『鉄山必用記事』所収「金屋子神祭文」に金屋子神が天降って鍋を作ったという岩鍋にほかならない。『播磨国風土記』には、揖保郡に前記「佐比岡」の説話があり、宍禾郡には、

大内川　小内川　金内川　大きなるは大内と称ひ、小さきは小内と称ひ、鉄を生すは金内と称ふ。

とある。讃容郡には、

山の四面に十二の谷あり。皆、鉄を生す。難波の豊前（とよさき）の朝庭（みかど）に始めて進りき。見顕しし人は別部の犬、其の孫等奉発り初めき。

とあって、いずれも鉄を産したことが知られる。

「犬」とは、砂鉄を含有する鉄穴山を探し歩く一群の人等の呼称である。しかもこの三郡が『播磨国風土記』では、伊和大神の舞台であった。前掲の伊和大神と天日槍命の国占めの争いは、農地の先取権を争うたには違いないが、そこに砂鉄を産したとするならば、鉄の採取権と表裏するのであり、ようするに「米と鉄」を獲得するためであった。食事したり、杖を立てたりすることによって、土地の先占めの意思表示としたが、「粒丘」にみられるごとく、天日槍命が剣を以（も）って海水をかきまわしたというのは、浜砂鉄の採取を意味する。

砂鉄の多い播磨の諸河川の流入する海浜も、また砂鉄を多く産した。これを浜砂鉄という。大己貴神と天日槍命は、土地先占めを争って、究極においては播磨国はおおむね大己貴神の勢力が占め、天日槍命は部分的にはそこに喰い込んだが、全体としては播磨に入ることができず、但馬に落ち着いた。それを示すのが前掲の「御方里」の項である。

射楯兵主神社の周辺

姫路市の中心に位置する射楯兵主神社の周辺も、古来、産鉄地であった。同社の東約二キロの地に流れる市川右岸に「阿保（あほ）」という地があり、阿保神社が在する。「阿保」は前述の「穴穂（あなほ）」「穴太（あなほ）」と同じく産鉄地を意味する。その下流二キロの右岸にも「阿成（あなし）」という地があり、『播磨国風土記』には

> 安師（あなし）の里、右、安師と称ふは、倭の穴无（あなし）の神の神戸に託きて仕へ奉る。故、穴師と号く。（餝磨郡）

とある。「安師」であり、「鉄穴師」に基く名である。吉野裕氏は、この「穴師里」について、

おそらくこの里の民戸は大和の穴師たちの食糧（または鉄素材）供給地になって

射楯兵主神社周辺図（国土地理院２万５千分の１地形図「姫路南部」より）

いたと考えられる

と述べている。阿成には安師神社があり、別名を速川社ともいい、祭神は大己貴神としている。

市川左岸約三・五キロの同市別所町別所には弁慶伝説があり、『印南郡誌』によると、「弁慶が書写山で修行を終えて帰る途次、ここで庄屋の娘と一夜の契りを結び子を授った」と伝える。弁慶伝説は、谷川健一氏によると産鉄民のもたらしたものであるという。

別所の地は全国にわたって存するが、柴田弘武氏によると、何れも産鉄地である。別所の西北、同市花田町小川は『風土記』に記す「少川の里」である。

小川の里、右、私の里と号くるは、志貴嶋の宮に天の下知ろしめしし天皇の世、私部弓束等が祖、田又利君鼻留此の処を請ひて居りき。故、私の里と号く。

とあり、田又利君は『新撰姓氏録』山城国諸蕃、任那の条に

多多良公。御間名国主、爾利久牟王の後なり。天国排開広庭天皇（欽明）の御世に投化りて、金の多多利、金の乎居等を献りき。天皇、誉めたまひて、多々良公という姓を賜ひき。

とある多々良公にほかならない。

射楯兵主神社の西約三キロ姫路市今宿にも別所がある。その北方、姫路市山吹は、『風土記』餝磨郡韓室里に当る。

韓室の里。右、韓室と称ふは、韓室の首宝等が上祖、家大く富み饒ひて、韓室を造りき。故、韓室と号く。

とあり、「韓室」はたたら溶鉱炉の異称であり、韓室首は溶鉱炉の支配者を意味するもので、宝という上祖の名はたたらにほかならない。

姫路市の北部にある広峰山の山頂には古くから牛頭天王を祭った広峰神社がある。牛頭天王はスサノヲノミコトと附会されており、祇園社は、この広峰社より遷座したとも伝える。スサノヲノミコトは先述のとおり鉄神とみられるが、巨智里に属する現姫路市田寺・新在家・辻井の辺りが『風土記』の因達の里にほかならず、そこに鎮座するのが射楯兵主神社であった。

韓鍛冶集団の渡来

イタテ神（イタケルの神）は『播磨国風土記』餝磨郡には、

因達の里　右、因達と称ふは、息長帯比売命、韓国を平けむと欲して、渡りましし時、御船前に御しし伊太代の神、此処に在す。故、神のみ名に因りて、里の名と為す。

とあり、伊太代神が息長帯比売(神功皇后)の西遷の船を導いたとし、地名起源説話となっている。

イタテ神は出雲に多く、しかも「韓国」に冠するのは、新羅ともっとも近い距離にある地理的位置から、当然、韓鍛冶集団の渡来があったことを意味し、そうした帰化系製鉄技術者の奉斎した神の一にイタテ神(五十猛神)があったのであろう。伊太祁曽神社は素戔嗚尊の子、五十猛神を祀る。

神功皇后紀四十六年には、百済の肖古王が「鉄挺　四十枚」をわが国の使に贈った記事がみえ、皇后の陵墓である狭城盾列池上陵を含む佐紀古墳群中のウワナベ古墳の陪冢より、大二八丁、小五九〇丁という驚くべき大量の鉄挺が発見されているから、四世紀末より五世紀初頭にかけての朝鮮半島との交渉にともなって多数の製鉄技術者が渡来したことは如実にうかがわれる。

古墳時代の鉄製品は、五世紀初頭を中心とした約一世紀間に構築された畿内の大古墳にもっとも多く副葬されている。それらの鉄製品が渡来系技術者集団、すなわち、韓鍛冶の指導によって製作されたことは疑いない。彼らによって古墳時代の生産はさらにいちだんの進歩を示したであろう。それをうかがわしめるのが応神・仁徳朝における河内を中心として進められた大規模な土木工事である。

五世紀代、これだけの土木工事が進められるには絶対に鉄製器具が必要であり、それも舶載の鉄挺を鍛造するのではなく、この需要を賄うにたりる国内生産がなされていなければならず、そのためには、原始的露天タタラや手吹子のごとき幼稚なタタラ炉ではなく、かなり進んだ製鉄技術があったとしなければならない。その新しい製鉄技術の担い手が、イタテ神、あるいはアメノヒボコ、または兵主神を奉ずる韓鍛冶であった。

兵主神と蚩尤（しゆう）

兵主神の分布も表に掲げたとおりであるが、「兵主」の表記によって武神とし、オオナムチの神の別名である八千戈神としているところが多い。スサノヲノミコトとする神社もあるが、しょせんはオオナムチ神系に帰せられるものとしてよい。

兵主神が本来いかなる神かについては、幕末の国学者小山田与清（天明三年〜弘化四年）が『松屋筆記』の中で『史記』封禅書にみえる「兵主神」に結びつけて以来、中国の武神とする説がとられてきた。

「封禅書」には「天主・地主・兵主・陰主・陽主・月主・日主・四時主」の八神のう

ちで、「兵主は蚩尤を祀る、蚩尤は東平陸監郷に在り、斉之西境なり」とあり、また、「五帝本紀」に「蚩尤(しゆう)は最も暴を為す、伐つこと能わず。」とあることによって、中国神話における戦の神としての性格と、「兵主」の語意によって武神とされてきたのであるが、「五帝本紀」にはさらに「蚩尤」を注して、「盧山の金なり、しかして五兵を作る」として「兄弟は八十一人いて、みな獣の身で人の言葉を語り、銅の頭、鉄の額をもち、沙を食って五兵を造り、仗刀をもって激しく戦い、威は天下に振るった」とあって、鉄沙をもって兵器を作り、それによって黄帝の軍をさんざん悩ましたとするのである。

しかるに、旧来はこの神の鉄沙とのかかわりを等閑視して「兵主」の名のみで武神としているのであるが、兵主神そのものが中国では鉄神であり、それゆえにまた強力な暴威を振るう武神であった。

鉄の古語

ところで鉄を意味する古語を検すると、次の語類がある。

1 テツ、タタラ、タタール、韃靼

2 サヒ、サビ、サム、ソホ、ソブ

3　サナ、サヌ、サニ、シノ、シナ

4　ニフ、ニブ、ニビ、ネウ

5　ヒシ、ヘシ、ベシ、ペシ

以上の語類の中で、テツ（鉄）はヒッタイト民族が鉄をもって築いた強大な王国トルコの名に由来することは広く知られている。

このヒッタイトの創始した製鉄技術は、シルクロードを経由して紀元前十三世紀頃の殷代の中国に入ったとされている。殷・周代は中国では青銅器文化が発達したが、鉄は戦国時代に武器として用いられ、漢代には、鉄は国の管理下におかれた。このトルコ、タタール、韃靼に発した製鉄技術がたたらにほかならない。タクタク、タツタツともいい、テツの語源となった。わが国では北方大陸系文化としてもたらされたものである。

サヒの語群

テツの語に対して、サヒの語群がある。八岐大蛇退治のときスサノヲノミコトが使用された剣を韓鋤剣（からさひのつるぎ）といい、鋤持神（さひもち）という。サヒはサヒ、サブ、サビ、サムとも転化し、寒川・寒田という名の神社や、寒河江（さがえ）、祖父江（そぶえ）の地名もこれに由来する。賽神（さいのかみ）というのも本来はサヒ（鉄）の神の意であった。雑賀、才賀、造賀、草加、相馬もそうであろう。

朝鮮半島では蘇伐、所夫里、卒本、忽本、首露、草羅となり、ソウル（京城）となった。サビ・サブ・ソブ・ソボ等、この語類のサ行音は元来砂、小石を意味する言葉で、砂鉄が精錬されて鉄となり、普通の砂や石と違った貴重な性質を帯びるところから、サ・シ・ソの一音だけでも鉄を意味することになった。曽尸茂利はソツムレで鉄の山、高千穂の添山峰は砂鉄のある山、日向の襲の国、熊襲の襲もやはり鉄の産地を意味した。以上は福士幸次郎の早く指摘したところである。

サナの語群

サナ・サヌ・シヌ・シノも鉄を意味した。福士幸次郎は、サナ・サヌ・シノ・シナの語義を追い求めた末、サナとは果実の核の部分を意味し、カナサナ（金讃）とは外皮を鉄でまとった果実や穀物の如き形状のもの、すなわち鈴・鐸のことであるとした。ただし福士幸次郎もそれが褐鉄鉱とまでは思いいたらなかったが、サナギとサナミは、サナの語に「ギ」・「ミ」の男女両神の意を負わせたものだとした。そこに接頭語の「イ」が付いて、イザナギ・イザナミとなる。イザナギ・イザナミ両神が鐸に由来することを説いたのであるが、この説は顧みられなかった。

しかし、改めてこの福士の想定は再検討されるべきときに来ていると思う。それはこの両神をまつった多賀大社付近も「サナ」すなわち褐鉄鉱の所在を求め得るからである。信濃、埴科(はにしな)、更科(さらしな)、蓼科(たてしな)、仁科(にしな)等の「シナ」の意もこれによって窮知できることとなる。

ニフの語群

ニフ・ニブ・ニビ・ニホの語群もある。「ニフ」(丹生)は通常、朱砂(辰砂)の産する地につけられた名と考えられている。しかし井塚政義氏の教示によると、古代には硫化水銀を「朱」、四塩化鉛を「丹」、褐鉄鉱・赤鉄鉱・酸化鉄を「赭」にそれぞれ区分しながらも、これらを一括して「丹」と読んだ由で、丹生の地は鉄産地をも意味したという。丹生より発生した「ニブ」(鉏・二部)・「ミブ」(壬生)・「ニビ」(鉏)や「ネワ」(根雨)もそれである。

ヒシ・ヘシは、『和名抄』によると、鉄鏃を意味し、竿の先に装着した鉄片である。この語から派生した「鉄の川」がイヒシ(飯石)川、イビ(揖斐)川であるとしたのも福士幸次郎であった。「イ」は発声上のもので、本来の形は、ヒシ川・ビシ川であるという。そしてこの「ビシ」は元来南太平洋の鉄という言葉besiと一致すると指摘している。

台湾出身の郭安三氏によると、ヒシ・ヘシの語が南方系海洋民の鉄・鉄斧を意味する語であるという。マレー半島から、フィリピン、台湾、琉球にまで広く分布し、マライ語のbesiは鉄を意味し、バシー海域（台湾南端からルソン島北部までの海域）のBashi, Basayの名や、台湾東南海上のヤミ語で手斧を意味するWasay, スルー語basi, アーチェ語besoi, バタック語bosi, ハワイ、スンダ、マヅーラ語のWesi, bosi, bose等、いずれも鉄を意味する、ということである。

ベシ・ヘシの語によって表象される古代鉄文化は、南方系海洋民によって運ばれ、琉球弧を北上して九州から、朝鮮半島西岸、山東半島まで達していたことが想像できる。この文化の担い手は、漢民族からは東夷として怖れられ、あるいは蔑視されたが、鉄を有して強勢であった。そのことを示すのが『史記』に記す蚩尤（しゆう）の記事である。

兵主神とヘシ・ベシ

「兵主」の語はヘシ・ベシと通ずるとするなら、これを蚩尤にほかならないとした小山田与清の見解が、改めて見直さねばならないことになる。

穴師兵主神社

兵主神をまつる神社は、前記のように但馬に圧倒的に多く、播磨・丹波・近江・和泉・大和等に散在する。宍戸儀一はこれが銅鐸の分布と一致することや、天日槍命を祖とする但馬族とも無縁でないらしいこと、兵主神が蚩尤にほかならず、蚩尤が鉄神であったことを指摘している。宍戸の、いうならば直観的な考察はかなり真相をついている。少なくとも、兵主神が南方系海洋民によって伝えられた鉄文化であったことはうかがわれる。したがって、イタテ神が新羅系の韓鍛冶集団の奉じた神とするなら、兵主神は百済系の鍛冶集団の奉じた神と想像することができる。

これは推定の域を出ないが、「兵主」が中国山東半島の「蚩尤」という鉄神と結びつく上、元来がヒシ・ヘシの語類に象徴される南方系海洋民のもった鉄文化とするなら、朝鮮半島西南海岸に渡来の経路を求め得るから、百済系の鍛冶集団と見ることができる。

百済は、きわめて古くより、わが国と密接な関係があった。しかも兵主神は、大和に穴師兵主神社があるように、「穴師」、すなわちオオナムチの神という倭鍛冶の奉祀した神と融合し、また兵主神がオオナムチの神を祭神としているのは、比較的早い時代より両者の結びつきが深かったことを偲(しの)ばせるものである。

ともあれ、兵主神は土着氏族である倭鍛冶の奉じたオオナムチの神と、イタテ神も祖神スサノヲノミコトと結びつくことになる。

倭鍛冶と韓鍛冶

弥生時代以来のわが国の原始的製鉄は、倭鍛冶、すなわちオオナムチの神を奉祀した土着の氏族によって行われたが、それだけでは満足な製品が得られず、韓鍛冶による新しい技術の導入が必要であった。そのことを示すのが『播磨国風土記』の記事であったが、その際、百済系あるいは新羅系の技術者集団の別があったと察せられる。

それが兵主神、あるいはイタテの神、またはアメノヒボコ等の神々の名をもって表現される奉祀集団であった。

オオナムチの神を奉祀する倭鍛冶は、彼ら韓鍛冶の技術、文化を積極的に受容し、それと融合しつつ、新しい文化を築いていった。オオナムチの神は兵主神として祭られ、イタテの神もスサノヲノミコトの子神とされるのは、きわめて古く渡来して土着の神と融合したことを意味するとみてよい。

それに対してアメノヒボコは、伊和大神（オオナムチノミコト）と国占めを争った末、ついに播磨国には入り得ず、但馬に落ち着いたことでも知られるように、同じく韓鍛冶とはいえ、相互に若干の差異があったのかも知れない。

六　五十鈴川の鉄

海におぼれた猿田彦神

天孫降臨神話には、天鈿女命と猿田彦神の活躍が描かれている。猿田彦神は天孫の降臨を先導した神であるが、『古事記』には、この神が、その後に海におぼれたことが語られている。

かれ、そのサルタヒコの神、阿耶訶(あざか)に坐す時に、漁(すなどり)して、ひらぶ貝にその手を咋ひ合はさえて、海塩に沈溺(おぼ)れましき、かれその底に沈み居ます時の名は底度久御(そこどくみ)魂(たま)といひ、その海水(うしほ)のつぶたつ時の名は都夫多都御魂(つぶたつみたま)といひ、そのあわさく時の名は阿和佐久御魂(あわさくみたま)といふ。

とあるのがそれである。

この物語は猿田彦神が、元来は海神、というよりも海の精霊ともいうべき性格であったことを物語っている。海に沈んだときソコドクミタマ、海水の泡だつときツブタツミタマ、泡が水面で割れるときアワサクミタマというのはまさに海水の精霊である。

安曇の磯良が海底からあらわれたという説話のフィルムを逆廻しにして考えると容易に理解できるだろう。

猿女君の神楽

宮廷神楽を伝承する猿女の君は、天鈿女命を祖とするが、猿田彦の名を貰って猿女の名を呼ぶことになった理由は『古事記』に記されている。海幸山幸神話では海幸彦であるホノスソリノミコトが海水に溺れる姿を描いて隼人舞の本縁譚としているのと同じように、猿女の君の俳優（わざおぎ）は本来海人族の伝承した文化であって、水平型の祭祀を物語るもので、垂直型の進歩的な祭祀からみると古層の文化であり、超克されるべきものであった。

ヒルコが葦舟に乗せられて流し去らねばならなかったと同様、猿田彦神も海の中の元の棲み家に帰らねばならなかったのである。

その点、出雲の国譲りに際して、事代主神が、舟を踏み傾けて海の底に隠れたというのと同断である。いずれも新しい文化によって、旧い保守的な文化は棄却されねばならなかったことを意味するのである。しかも磯良舞にしても、隼人舞にしても、はたまた天鈿女命の俳優（わざおぎ）にしても、あらゆる時代の変遷にたえて現代にまで伝承されているのは、祭祀とは本来始源の状態を繰り返すもので、こうした芸能を神事ごとにくり返して原初の時を回復することを目的としているからである。

猿田彦神の末裔と伝えるのは宇治土公氏で、宇治大内人として皇大神宮に仕えた。出自は磯部氏とよばれた伊勢・志摩地方の海人族である。

海人族といえば漁民とのみ思いがちだが、じつは農耕によって大をなしたのであり、そもそも稲種をもたらしたのが海人族である。

伊雑宮の御田植祭

皇大神宮の別宮伊雑宮は、志摩半島の先端の中央で入り込んだ的矢湾の、さらにその奥の内海となっている伊雑浦の磯部の地に鎮座するが、この地から弥生式土器も出土している上、周辺地区には縄文遺跡さえ認められているが、この磯部の地には褐鉄鉱の団塊「スズ」が発見されている。伊雑宮で有名なのは御田植祭で、宝船を描いたゴンバウチワを神田に立てるが、これは日神を象徴している。そして、その田植唄は、

　昔真鶴磯部の千田に稲穂落ちしたその祭

という鶴の穂落し伝承ではじまる。鶴の穂落し伝承は『倭姫命世紀』に伊雑宮鎮座の由来として記されているものであるが、対馬や奄美大島にも、稲穂をくわえてきた鶴

が穂を落としたという伝承があり、これは南方系海洋民によってもたらされた稲作起源説話である。そしてそこに「スズ」が発見されたということは、磯部氏はこれによって自ら製鉄を行い、日神を祭りつつ、水稲耕作を推し進めたとみることができる。

猿田彦の裔と伝える宇治土公氏は、大内人として皇大神宮に仕えたが、もとは伊勢の日神祀の司祭であった。外宮の度会氏もそうだが、ともに海人族であり、海の彼方より日神を招ぎ迎える祭祀を行い、また農耕を進めるにあたっては共通の技術を用いたに違いないから、宇治土公氏にしても度会氏にしても、やはり「スズ」(褐鉄鉱の団塊)による製鉄をおこなったものとみてさしつかえない。

わたしは、宮川流域や度会郡の神宮摂末社鎮座地に、いずれも鉄分の多い赭色土がみられるから、水辺では植物の根に「スズ」の生ったことを物語っていると思う。

倭姫命の巡幸

『日本書紀』によると、崇神天皇の六年、同床共殿に祭っていた天照大神を豊鍬入姫命に託けて、倭の笠縫邑に遷し奉り、さらに垂仁天皇のとき、倭姫命を御杖代として、菟田の筱幡より近江・美濃を廻り伊勢国にいたり、五十鈴の川上に鎮祭したとする。

『皇大神宮儀式帳』や『倭姫命世紀』によって巡幸の跡を検すると、次頁の表のとおりである。

表の上の巡幸路は後世の斎王群行のコースであるとか、壬申の乱における大海人皇子の経路の投影であるとかする説が近年行われているが、筆者のみるところ、この巡幸地はいずれも古代産鉄地であることは間違いない。いちおう現地に赴いて調査したところでは、次のとおりである。

笠縫邑と鉄

まず、笠縫邑に比定されているのは三輪山々麓の檜原神社の位置で、三輪山から鉄を産したことは、先にも述べたとおりで、この山の西南に金屋遺跡があり、そこから鉄滓やフイゴの火口が出土し、巻向の穴師(あなし)兵主神社の「穴師」は「鉄穴師」であり、兵主神も帰化系技術集団の奉じた神とみられる。

三輪山の大物主神の「モノ」とは鉄の意であることも先に述べた。三輪山頂上には巨大な石の磐座があり、ここに高宮神社がある。神名帳に「神坐日向神社」とするところにほかならないが、社殿は西北に向かい、笠縫邑に比定されている檜原神社より三輪鳥居を通して拝すると正面に当る。そしてそこはまた他田坐(おさだにいます)天照御魂神社から

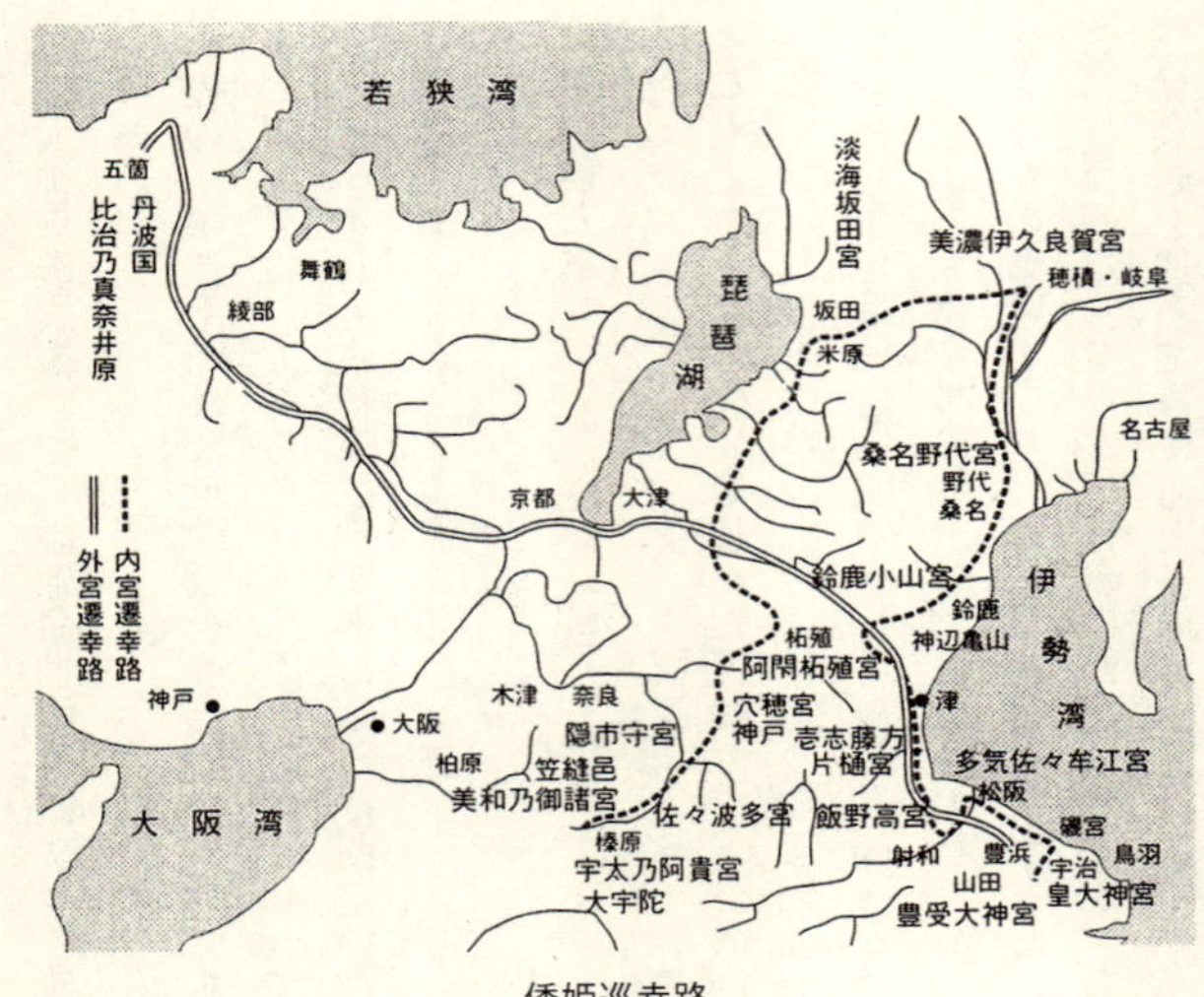

倭姫巡幸路

『皇大神宮儀式帳』

宮
宇太乃阿貴宮
同佐々波多宮
伊吹穴穂宮
同　阿閇柘植宮
淡海坂田宮
美濃伊久良賀宮
伊勢桑名野代宮
鈴鹿小山宮
壱志藤方片樋宮
飯野高宮
多気佐々牟江宮
玉岐波流礒宮
宇治家田田上宮

『倭姫命世記』

宮	年数
但波乃吉佐宮	四年
倭国伊豆加志本宮	八年
木乃国奈久佐浜宮	三年
吉備国名方浜宮	四年
倭弥和乃御室嶺上宮	二年
（以上豊鍬入姫命巡幸地）	
宇多ノ秋宮	四年
伊賀国隠市守宮	二年
同　穴穂宮	四年
同　敢ノ都美恵宮	二年
淡海国甲可日雲宮	四年
同　坂田宮	二年
美濃国伊久良河宮	四年
尾張国中嶋宮	四年
伊勢国桑名野代宮	四年
鈴鹿国奈具波志忍山宮	四年
阿佐加藤方片樋宮	四年
飯野高宮	四年
佐々牟江宮	
伊蘇宮	

は春・秋分の日、あるいは鏡作坐天照御魂神社からは冬至の日に昇る朝日をまともに拝する位置である。

隠の市守宮と赤目

巡幸路中の隠の市守宮の伝承地は、名張市の中央の鍛冶町にある蛭子神社である。蛭子すなわちヒルコは日子でもある。現在、名張市の南の丘陵一帯は大規模な宅地造成が進められているが、土は一般に「赤目」と称する鉄分の酸化発色した赭色（赤色）土である。明らかに豊富な鉄分を含有している。赤目四十八滝は有名である。

伊賀穴穂宮と銅鐸

さらに伊賀の穴穂宮は、伊賀市阿保にあたり、「穴穂」は「穴太」「穴生」でやはり「鉄穴」の意である。この地の柏尾からは大正七年、一〇七センチにおよぶ銅鐸が出土し、その北の比土からも文久三年に一三〇センチの銅鐸が出土している。

阿閇の柘植宮と大彦命

阿閇の柘植宮は、上野市の東北約一〇キロ、阿山郡（現、伊賀市）柘植町上柘植、北浦の地に「敢都美恵宮遺跡」の石標があるが、じつはその南、柘植川に面した古宮という地にはもと天照大神をまつっていたが、寛文年間、穴石神社に合祀したといわれ、現在都美恵(つみえ)神社である。

右の伝承地はいずれも遠く離れているわけではなく、ともに柘植川流域の湿原であったと思しき地であり、このおよそ六キロ下流に大彦命の墓に比定されている御墓山古墳があり、そこは鐸(さなぎ)を意味する「佐那具」と称する地である。大彦命は稲荷山鉄剣の銘文に記されている「意冨比垝」にあたり、阿閇氏の祖で、阿閇氏は伊賀一円を支配し、敢国神社にまつられているのが大彦命と金山比売神・少彦名神である。

淡海の坂田宮と伊吹ねう地帯

淡海の坂田宮は滋賀県米原市宇賀野、琵琶湖をひかえた湿原のただ中である。その東の顔戸には日神祭祀を思わせる日撫(ひなで)神社があり、その南の能登瀬には息長宿禰王をまつる山津照(やまつてる)神社があって、神功皇后が三韓より持ち帰ったと伝える鉄製の鉞(まさかり)を蔵している。この付近は旧息長村で、古代氏族息長氏貫住の地である。息長氏は伊吹山の鉄によって大をなした。しかもこの付近は「穴郷」と呼ばれたことがあり、『和名抄』に「阿那」とあり、垂仁天皇紀に、「是に天日槍、菟道河より遡りて、北のかた近江国吾名邑に入りて暫く住む」とする吾名邑である。

近江の坂田宮は、まさに井塚政義氏が「伊吹ねう地帯」と名付けておられる古代産鉄地の中心地である。井塚氏によれば、この地は越前日本海岸から、南は近江・美濃にまたがる伊吹山系の南限にひろがる地域に連珠の飛び石に似た脈絡をもって「丹生」の地名が点在し、それらをつなぐ逆Y字型を描いて古代産鉄地があり、さらに美濃の「根尾」地帯を加えて、これらの地を総括して「伊吹ねう地帯」と称し、古代産鉄地であることを証されている。

美濃の伊久良賀宮と揖斐川

美濃の伊久良賀宮は、岐阜県瑞穂市居倉とも、安八(あんぱち)郡安八町森部の宇波刀(うばと)神社ともいわれるが、いずれも揖斐川、または長良川にのぞむ地であって、例の「スズ」による初期製鉄の行われたことをうかがわせる。揖斐(いび)川とはイヒシ川で、ヒシは鉄の古語である。事実、宇波刀神社の北三キロの地は「祖父江」で、「祖父江」とは鉄を意味する古語「サヒ」の転化である。そしてその西にあって、美濃国一円を支配した大社が仲山金山彦神社（南宮大社）にほかならない。

桑名の野代宮と多度大社

伊勢の桑名の野代宮は多度(たど)町下野代、野志里神社で、揖斐川にのぞむ湿原に位し、その西北三キロには多度神社がある。多度神社境内の別宮一目連神社は単眼の製鉄神天目一箇神を祭る。本社の祭神天津彦根命はその父神である。多度の地より出た刀鍛冶が村正であった。多度神社の社宝に鉄製の弓矢があるのもおもしろい。

最終の鎮座地は五十鈴の川上とするが、五十鈴川の川砂が堆積した河口に近い二見浦の海岸の砂から、わたしは多量の砂鉄を採取した。伊勢市勢田町付近の宅地造成にさいして、「高師小僧」をみたという証言も得た。例の「スズ」である。そこは中山寺の近くで、中山寺は臨済宗に属するが修験道に関係のある寺院で、「中山」は金山彦神をまつる中山神社を想起せしめる。産鉄の世界をあらわす『山海経』中の中山経に由来する名であろう。

神宮創祀の年代

このようにして倭姫命の巡幸地は、いずれも産鉄地に結びつくことは著しい。しかも注意を要するのは、それらの地が多く河流・湖沼の水辺に臨(のぞ)んでおり、「スズ」の採取を行った初期製鉄を想わせる点で、「鉄穴流し」による砂鉄採取よりもいちだんと古い段階であったことが判明するのである。そのことは、神宮の創祀の年代が、帰化系技術者による進歩的な製鉄技術の普及した五・六世紀以後のことではなく、もう一時代古い、原始的製鉄の時代であったことを示すものといえる。

昭和五十九年十二月、伊勢市岡本町の丘陵から、弥生時代の住居跡が発見された。従来宮川右岸から五十鈴川にかけて弥生時代の遺跡はなく、原野であったとみられていた。それゆえ、神宮の鎮座を三世紀代とすることは考えられないとされてきたのであるが、そこから弥生時代の遺跡が発見され、三世紀を下らないことも判明した。神宮の創祀を垂仁天皇のとき（実年代では三世紀）とする『日本書紀』の伝えは、そのまま肯定してよいことになる。そのことは、製鉄技術の進歩の上からも一致するのである。

伊勢津彦

『伊勢国風土記』逸文によると、この地には伊勢津彦があったが、神武天皇によって派遣せられた天日別命が平定にさいして、風を起こし、波をうちあげて、東に去った、とあり、「伊勢津彦は近く信濃国に住ましむ」と注している。これは出雲の国譲りにさいして、タケミナカタの神がタケミカツチの神に敗れて逃げたところが諏訪であるのと同じ類型の説話で、新しい進歩的な文化によって、旧い保守的な文化が追放されなければならなかったことを意味する。それとともに逃げたところがともに諏訪であるのは、諏訪地方ではなお旧い技術による「スズ」を採取する製鉄が行われていたのである。『諏訪大明神絵詞』に記す、鉄輪をもつ洩矢神を藤枝をもつタケミナカタの神が伏せしめた、という説話が、そのことを示すことは先に述べた。

五十鈴川のほとり

五十鈴川のほとりはまさにその両者の存する地であった。そこは磯部氏ら海人族によるスズを採取する古い文化が行われていたが、五十鈴川は砂鉄もあって、大和の朝廷によって新しい文化がもたらされたのである。それは祭祀の上では海人族固有の習俗であった海の彼方から日神を迎える、という水平型の「地的宗儀」に対し、大和の朝廷による天空の彼方から神を招き迎えるという垂直型の「天的宗儀」に移行したことを示す。「地的宗儀」に用いられた祭具に鐸や弓矢があり、「天的宗儀」の祭具に鏡があった。

祭祀と文化

この新旧文化の交替、いいかえれば、祭祀様式の変化は三世紀代にはじまる鏡を日神招禱の祭具に用いた、と察せられることにうかがわれるが、その背景にはいく度かにわたる製鉄技術の革新があった。とくに銅鐸が姿を消して弥生時代が終焉(しゅうえん)し、古墳時代がはじまったのは、おそらくは「スズ」を採取するという原始的鉄生産から、砂鉄を採取する方法を会得したことによるものと思われる。そしてよりいっそう大規模な製鉄技術は、天日槍やイタテの神の名で語られる帰化系技術者の渡来によって、飛躍的に増大した。畿内では四世紀後半より五世紀初頭にあたり、大和・河内の大古墳の築造や池溝の開削にみられる。それが伊勢に及んだのが、外宮の鎮座を伝える雄略天皇の御代のことである。

外宮の鎮座

外宮の鎮座は、雄略天皇の二十二年、丹波国の比治の真奈井原より迎えて、皇大神宮の御饌津神（神饌を掌る神）としてまつったと伝える（『止由気宮儀式帳』）。『丹後国風土記』逸文によると、丹波国の郡家の西にある比治山の頂上に「麻奈井(まない)」と称する池があり、むかしこの池に降りてきた天女一人が羽衣を失くしてこの地に留まり、不治の病を治す醸酒を造ったが、のちに追われて各地を転々とし、竹野郡舟木

真名井神社

里に移り住んだ。これが奈具社に坐す豊宇加売命であると伝えている。

京都府京丹後市弥栄町船木に、奈具(なぐ)神社があり、「奈具」は「佐奈具」の「佐」の脱落と思われる。そこが「船木」の地であることはおもしろい。

比治の真奈井

比治の真奈井は、京丹後市峰山町久次に比(ひ)沼(ぬ)麻奈為神社があり、「比沼」はもと「比治」であったとしてよい。「ヒジ」は「ヒシ」(鉄の古語)であったとも、「フジ」(藤)の転化とも思われるが、同じ峰山町鱒留(ますどめ)に藤神社があり、その背後の足占山(標高六六一メートル)の頂上には池があって、この池が比治の真奈井であるとする説がある。

火明命をまつる籠神社

真奈井神社は、丹後国一の宮籠神社の奥宮で、境外摂社となっている真名井神社であるともいう。

籠神社と海部氏

籠神社（名神大、月次・新嘗）は火明命をまつり、元伊勢大神宮と称する。社家は代々海部氏で、『籠名神社祝部氏系図』と『籠名神宮祝部丹波国造海部直等氏之本記』（ともに国宝）を社蔵する。籠神社の社家が海部氏であり、祭神が火明命であることは、尾張氏（海人族）の奉祀した日神であることを示すものである。しかもこの神社の例祭（四月二の午日、現在は二十四日）に奉仕者は冠に藤の花をかざし、また長さ四尺の棒に直径八寸の鉄鈴をつけたものをつき鳴らしつつ供奉する。「籠」といい、藤の蘰(つる)といい、また峰山町の藤神社というのも、前章にのべた藤蔓による籠で鉄砂を抄り採った鉄穴流しを想わせる。

そのような点から、豊受大神宮の故地と目される丹後国(和銅六年分国以前は丹波)は鉄産地ではないか、そして、外宮の鎮座は、同地から新しい製鉄技術が伊勢地方にもたらされたことを意味するのではないか、と考えていたが、その証拠となる決め手がないまま経過した。

ところが比沼麻奈為神社のある峰山町の扇谷遺跡から、鉄滓の出土したことが報道された。昭和五十九年一月十四日付新聞である。

この鉄滓は弥生時代前期末から中期初めの土器片とともに出土したもので、大きさは直径六センチ、短径四センチ、厚さ三センチのこぶし大のもので、分析の結果、木炭で還元する砂鉄精錬に特有なファイヤライト(鋼)と酸化鉄の混合組織で、表面も鍛冶滓にみられる凸凹が多く、砂鉄で作った地金を鍛造する際に生じた鉄滓と判明したという。これによって近畿地方に弥生時代に製鉄の行われていたことが明らかになった。扇谷遺跡からはほかにガラス小塊・管玉・紡錘車・ナイフ型石器、石包丁、鉄斧などが出土していることから当時の最先端技術が集結していたものとみられる。

弥生時代の前期に、すでにそのような製鉄が行われていたとすれば、鉄の五世紀ともよばれた雄略天皇の頃は、いちだんと進歩した製鉄技術がこの方面には行われていたのであろう。

朝日郎と物部目連

雄略天皇紀には、いま一つの所伝を記す。その頃、伊勢では強弓を誇る朝日郎（あさけのいらつこ）という土豪があり、これを物部目連（もののべのめのむらじ）が伐った（雄略十八年紀）。朝日郎の矢は二重の甲をも通す強弓であったのに対して、物部目連は、筑紫の聞物部大斧手（おおふで）を率いてこれを伐ったという。大斧手というのは人名であるが、北九州産の秀れた鉄製武器をもってたたかったことを象徴していよう。

朝日郎は強弓とはいえ、しょせん旧い文化（兵器）であったことを意味する。そして天照大神は、「吾れ一所に坐せば甚苦（いとくる）し。しかのみならず、大御饌も安く聞食（きこしめ）さず」（『止由気宮儀式帳』）として丹波国から御饌津神の豊受大神を求められたのは、同一箇所から鉄（褐鉄鉱）はだんだんと得難（えがた）くなり、したがって稲作が進展せず、新しい技術の導入を求められたものと考えれば理解しやすい。

ともあれ、内宮・外宮とも神宮の鎮座が、鉄文化と深く関わっていたことは、従来見落とされていた一点である。

七　紀ノ川と鉄

神功皇后の所伝

紀伊半島の東のはしの伊勢の地に、日神がまつられて、皇大神宮となったのに対して、西のはしの紀ノ川河口には何があったか？

そこに伊太祁曽(いたきそ)神社があり、また伊達神社があって、イタテの神の祭られていたことはすでに記したが、ここには日前(ひのくま)神宮・国懸(くにかかす)神宮という、伊勢の神宮につぐ尊貴とする神社があって、紀国造であった紀直(きのあたえ)の奉祀するところであった。紀国造について述べるには、まず神功(じんぐう)皇后の所伝について語らねばならない。『日本書紀』に、神功皇后西征の船は、紀伊国徳勒津(ところつ)より発し、浮海して穴門に至った（仲哀紀二年三月条）といい、また凱旋に際しても、武内宿禰に太子（応神天皇）を托して、紀伊水門(みなと)に泊らせ、みずからは住吉三神を難波に鎮祭の後、紀伊国にいたり、太子と日高(ひたか)に会ったとする。つまり、皇后の西征にさいして二度までも出航の港となったとする紀伊水門は、四世紀後半より五世紀にかけてのわが国と朝鮮半島との交通に重要な役割をはたしたと察せられる。それはなぜか？

『日本書紀』に神功皇后の所伝をもって語られているわが国と朝鮮半島との関係は、四世紀の中葉にいたって、高句麗の南下に悩む百済の求めに応じて、己巳年（三六九）わが国が兵を半島に派遣した史実によるものであろう。神功皇后紀四十九年己巳年の記事は、干支二運をくり下げれば、まさに確実な史実となる。そのことを証するのが、広開土王碑文である。

倭、辛卯を以て来りて百済・□□・新羅を破り、以て臣民とす

とあるもので、辛卯は三九一年に当たる。先年来この碑文の「来渡海破」の文字は明治時代に旧日本軍が大陸支配の正当化のために石灰を塗って改竄したものだとする説が出て、論争が広がっていたが、最近中国の学者によって改竄の事実はなかったことが証明された。

中国吉林省考古研究所王健群所長を中心とする研究グループで、赤外線写真などを駆使して調べた結果、千五百年の風雪で肌荒れしているが、「来渡海破」の文字は原碑にもともとあったことは間違いないとして、「論争には終止符をうつべきだ」としている。これは『日本書紀』その他に記す神功皇后の所伝がけっして架空の造作ではないことを実証するものである。ところが、この朝鮮半島の動乱には鉄の所在がから

んでいた。神功皇后西征の発端を語る仲哀天皇紀八年秋九月の条に、新羅のことを描いて、

眼炎く金・銀・彩色、多に其の国に在り。是を栲衾新羅国と謂ふ。

と、金・銀の多くある国としているが、これは後世金銀が珍重されるにおよんで、鉄に対する願望が振替えられたのであって、四・五世紀にあってはなによりも鉄が求められたのである。そのことは新羅が事実鉄産のすこぶる多い国であったことによって証明できる。

石上神宮の七枝刀

神功皇后紀摂政四十七年夏四月の条には、「沙比新羅」の語がみえる。「沙比」（サヒ）とは鉄の古語であることは先に述べた。「鉄の新羅」の意である。同五十二年秋九月の条には、

久氐等、千熊長彦に従ひて詣り。則ち七枝刀一口・七子鏡一面・及び種々の重宝を献る。仍りて啓して曰さく、「臣が国の西に水有り。源は谷那の鉄山より出づ。其の邈きこと七日行きて及らず。当に是の水を飲み、便に是の山の鉄を取りて、永に聖朝に奉らむ」とまうす。

る記事である。

とあるのは、有名な石上神宮の七枝刀が百済の肖古王から倭王に贈られたことを証する記事である。

鉄の新羅

韓国の学者文暻鉉（ムンギョンヒョン）氏によると、新羅は三韓の中で地政学上はもっとも不利な位置にもかかわらず、これを克服して成長し強盛になって、ついに半島の統一を成し遂げたのは、豊富な鉄資源を保有したからであると説いている。新羅という名も、それ以前にあった辰韓、斯盧国も、朝鮮語では鉄国を意味するということで、新羅は慶州・感恩浦・達川・蔚珍・三捗・安東等、関東大白山脈の鉄鉱地帯を擁して、高度に発達した製鉄技術とともに、豊富で優秀な農機具を量産して、農業生産量の増加を可能ならしめ、一方ではまた鉄製兵器や蹄鉄を量産して莫強な歩騎兵団を保有し、国力の強盛をはかり、統一新羅の実現を可能ならしめた、というのである。

新羅の鉄山で達川鉄山と感恩浦・三捗・蔚珍等と並んでとくに重要な位置を占めたのは、小白山脈線に在った忠州の鉄山であった。ここは新羅・百済・高句麗三国間ではげしい争奪攻防戦が展開されたところで、三世紀代には辰韓の勢力圏であったが、四世紀代には百済に属した。前述の神功皇后紀五十二年の条にみえる「谷那鉄山」はこの忠州鉄山にほかならないということである。

当時の百済の首都漢城（広州）の西を流れるのは漢江で、漢江をさかのぼること七日の行程の上流は忠州である。わが国はこの忠州（谷那鉄山）の争奪に当たって百済を援け、この地を確保したことに対して、百済の肖古王が倭王に贈ったのが、石上神社の七枝刀にほかならない。皇后の摂政五十二年は壬申の年に辺り、二五二年となるが、干支二運をくり下げて三七二年とすれば、まさに百済はこの地を確保していた。

しかし、やがて高句麗の南下によって、百済は多くの城を奪われ、倭軍も敗退した（三九六年、広開土王碑）。このとき谷那鉄山も高句麗に帰することになったのであろう。応神天皇紀八年三月の条に「百済記に云う」として谷那の地を奪われたことを記しているのは、この事実を反映したものであろう。しかし高句麗もやがてまた新羅によって谷那地帯を奪われ、新羅は半島統一を達成した。鉄資源の確保が新羅に強盛をもたらし、逆にそれを失った百済は亡国の悲運に見舞われることになったといえる。

紀臣と紀直

このような四世紀から五世紀にかけての頃の半島の動乱と、わが国のそれへの介入によって渡来したのが百済系、あるいは新羅系の製鉄技術者であった。四世紀末より

国懸神宮

五世紀初頭にかけての頃の出土品に鉄製品が飛躍的に増加し、大和・河内の大古墳の築造や池溝の開さくが進むのも、こうした帰化系技術者による製鉄技術の導入がなされたからにほかならない。そして、その場合の半島との交通に大きな働きをしたものに、紀臣一族がある。

応神紀・仁徳紀にみえ百済の国政に参画した紀角宿禰、雄略紀にみえる紀小弓宿禰、その子大磐宿禰等が史上に登場する。紀臣は武内宿禰の裔孫で、皇別氏族であるが、武内宿禰の母方は紀国造であった紀直（きのあたえ）である。

紀臣は中央政界にも活躍した人物が多く、平安時代にまで及んだが、藤原氏の権勢に押されてしだいに台閣から遠ざけられたのに対して、紀直の方は、終始、紀伊国から出ることはなく、日前・国懸神宮に奉祀して、その裔孫は出雲の千家氏、阿蘇の阿蘇氏とともに今にのこる古族である。

日前・国懸神宮

日前・国懸神宮というのは、天照大神が天の岩戸に隠れられたときの神祭りのために造った日像鏡（日前宮）と日矛（国懸宮）を祭る神社である。日神を招ぎ迎えるためにはじめに鋳造した鏡は少しく意に合わなかったので、これを紀伊国の日前宮に祭り、つぎに造った美麗の鏡が伊勢の大神であるとする。つまり、ともに日神祠であった。

鎮座の次第は社伝によると、天孫降臨にさいして、天道根命（あめのみちね）がこの二種の神宝を奉じて天降り、神武天皇の東遷にも、天道根命がこれを奉じて摂津国難波を経て紀伊国名草郡加太浦に到り、琴浦に奉安したが、崇神天皇の五十一年豊鍬入姫命が天照大神を奉じて、名草郡浜宮に坐したとき、ここに遷り、垂仁天皇十六年、名草の万代宮、すなわち、現在の地に鎮座したという。天道根命の後裔が紀直である。

紀水軍と紀国造

紀伊国名草郡は紀ノ川河口域にあたり、その沖積作用によって形成された三角州が

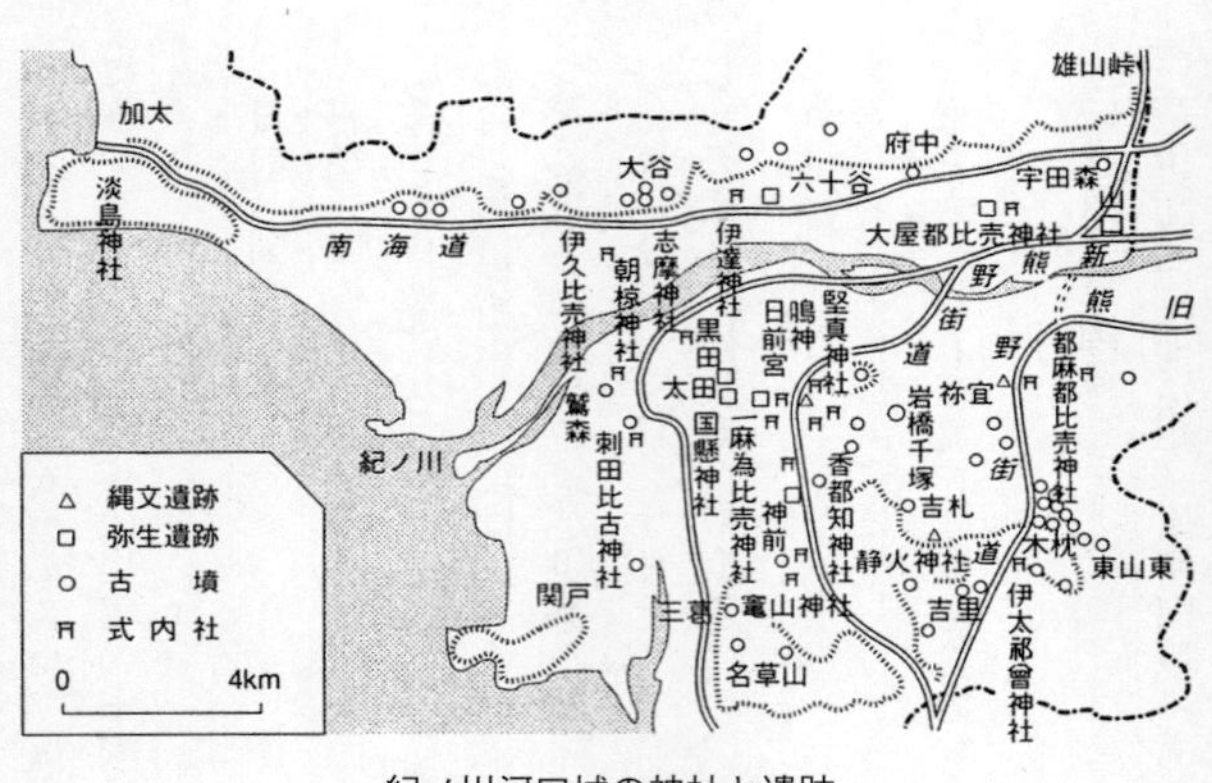

紀ノ川河口域の神社と遺跡

大耕田地帯となり、しかも河口域の小さな島々は、多数の船を一時にもやいできる港津としてふさわしく、水軍の根拠地としても最適であった。

紀伊国は一帯に山が海岸近くまで迫っていて耕地に乏しく、それに反して変化に富むリアス式海岸は、いたるところ入江を形成していたから、人びとは豊富な海産物を求めて採集漁撈による生活を営んだ。

こうした漁民集団は入江ごとに邑落を形成する小集団で、孤立分散するのを常とするが、これを糾合統率するなら、強力な水軍として編成することができる。ただしそのためには農耕によって定着した富の蓄積を必要とするが、紀ノ川河口の水利権を掌握して一円の農地を支配し、海岸に分散する海人集団を糾合して水軍を編成したのが紀国造であった。

紀ノ川流域の鉄産

紀国造が紀伊国一円の海人を統率することができた理由に、いまひとつ見逃せないものがある。鉄であった。紀ノ川下流域には、吉野・熊野より運ばれた鉄砂があったのである。後世、鉄砲をもって強勢を誇った雑賀(さいが)庄の一党もその故で、雑賀は鉄の古語「サヒ」の在り処(か)を意味する。

紀ノ川上流は大和では吉野川と称し、さらに上流は丹生(にゅう)川である。高野山下の九度山からさかのぼって、伊都郡高野町筒香(つつが)に発する川も丹生川で、丹生は先に述べたように鉄を産する地である。ただし、この場合の鉄は、褐鉄鉱ないし赤鉄鉱であろう。紀ノ川沿岸からは多数の銅鐸も出土しているからそのことがいえる。銅鐸は、褐鉄鉱である「スズ」の増殖を祈念して埋祭されたものだからである。

名草比古・名草姫

ところで、日前・国懸両大神を現在の地、すなわち名草の万代宮に鎮祭したのは、天道根命の四世孫大名草比古命とする。日前・国懸神宮の神体山と目される名草山の

浜の宮より名草山をのぞむ

東山麓の吉原に鎮座する中言神社は、名草比古・名草姫をまつる。中言神社は名草郡一円の旧神宮領に多く、いずれも名草比古・名草姫をまつるから、この神が名草郡一円を支配した地主神であったとしてよい。

名草戸畔

『旧事本紀』の地神本紀には、名草姫は大己貴神の六世孫豊御気主命の妻となっており、また同天孫本紀には紀国造智名曽の妹、中名草姫が、天香山命五世孫建斗目命の妻となっている。

ところが『日本書紀』によると、神武天皇が大和平定にあたって浪速から入ろうとしたがはたすことができず、迂回して雄水門（大阪府泉南市樽井と伝える）に至ったが、ここで皇兄五瀬命が矢傷により亡くなられ、葬ったのが竈山であるとする。竈山神社が鎮座する。そこで誅されたのが名草戸畔であった。神武天皇即位前紀戊午年六月の条に、

軍、名草邑に至る。則ち名草戸畔といふ者を誅す。

とある。

名草戸畔のトベはトメで女性を意味する。名草山に祭祀を行った巫女であり、名草姫にほかならない。それでは神武天皇が名草戸畔を誅したとは何を意味するのか。

「名草」は「菜草」

日前・国懸神宮の鎮座する名草郡も、その西に隣接する紀ノ川河口付近は海部郷であるところから、名草の「ナグサ」は「ナギサ」（渚）の転化とする説がある。この地を支配した紀国造紀直は海人族であるから、いちおうその説の妥当性も見出されるが、海人族は一つの文化を担っていた。それは、例の水辺の植物の根に形成されるスズから、鉄を採取する技術である。名草山は赤土からなり、しかもその周辺は葦の生えた干潟であった。

「阿備の七原」という安原・広原・吉原・松原・内原・柏原・境原の名が示すのは、

かつて葦や茅や薦等の水辺の植物が生い茂った原である。してみると「名草」とは「菜草」ではなかったか。すなわち、名草比古・名草姫、または名草戸畔というのは、スズの生る水辺の植物「菜草」に象徴される原初的製鉄文化である。名草戸畔を誅した神武天皇は、新しい、より進歩的な製鉄文化の担い手であった。おそらく砂鉄を採取する技術を有していたものと察せられる。

名草（菜草）に象徴される旧い文化は新しい文化と交替するが、新しい氏族によって滅ぼされたわけではないことは、紀国造系図に天道根命の四世孫に大名草比古の名がみえ、そこに注して垂仁天皇十六年いまの名草宮地に鎮座したことを記していることにうかがわれる。

五瀬命の戦死

神武東遷説話は、稲作文化の東遷を物語るものであるとするのがかねての私見であるが、神武天皇、すなわち「カムヤマトイワレヒコ」（神日本磐余彦）というのは「神聖な大和の磐余の地の日の御子」の意で、もともと大和の国の首長であり、またの名を「ワカミケヌ」ということにもうかがわれる「御食」の神であった。五瀬命も「厳稲」（いっせ）であり穀霊である。五瀬命の戦死は一つの穀霊の死によって、若々しい新生の穀童の出誕を期待したものとすることができる。

こうした稲種のもたらされた次第を物語としては、神武東遷として語られているのであるが、稲作文化の背景には鉄があった。ここでも新旧鉄文化の交替が神の名で語られているのである。

大谷古墳と紀氏

紀ノ川下流域には、紀泉山脈の麓にある前方後円の大谷古墳をはじめ、対岸の日前宮の東約二キロの前山地区に岩橋(いわせ)千塚とよぶ古墳群がある。

大谷古墳は紀泉山脈の南側に自然の地形を利用して築造された全長七〇メートル、後円部の径四〇メートル、墳丘の高さは九・五メートルあり、五世紀中葉から六世紀初頭に編年されている。昭和三十二年の発掘で、副葬品に馬兜・馬甲が発見されたため、騎馬民族説を裏付けるかのように騒がれたが、被葬者は大陸と関係深かったもの、大陸的先進文化の影響を強く身につけた豪族と想像されることだけが確認され、紀氏一門と推定することも可能であることが報告された。

応神天皇紀三年是歳条、仁徳天皇紀四十一年三月の条には、紀角宿禰の百済での活躍が記され、雄略天皇九年三月および五月の条には、紀小弓宿禰らの新羅での活躍の顚末が記され、現地で死んだ小弓の墓所を田身輪邑に冢墓をつくって葬ったことが記されている。田身輪邑は大阪府淡輪で、五十瓊敷命の墓と伝える宇度墓があり、大谷古墳と同じ紀泉山脈の反対斜面である。この紀氏は、先に述べたように武内宿禰を祖とする紀臣であるが、紀臣が朝鮮半島の経営に活躍したとともに、その出身地は紀北から泉南にかけての地で、その背後には紀国造たる紀直が色濃く関わっていたものと察せられる。

大谷古墳と紀ノ川をへだてて東南、日前宮の東約二キロの地の標高一三〇メートルの前山にあるのは岩橋千塚である。南に続いた山脈の北斜面から、西は大岩谷、花山、大日山に連なり、東は天王塚をはじめ八、九基の前方後円墳や方墳を含む大小五百数十基の円墳から成り、東西約三キロ、南北二・五キロの範囲におよんでいて、五世紀初頭より七世紀にかけての頃に編年されている。出土品は「紀伊風土記の丘」に展示されているが、三角縁神獣鏡・五鈴鏡・爬竜文鏡・金銀鐶・硬玉勾玉・ガラス勾玉・碧玉管玉・鉄兜・鉄刀・鉄槍・鉄鏃・鉄斧等がみられる。

大日山と日神祭祀

さらに岩橋千塚と同じ山系の東に延びた支脈に、一見独立してみえる前山が大日山で、海抜一四二メートルというから、さして高い山ではないが、円錘型の山容は神奈備にふさわしい姿を呈している。山麓に古来の涌泉と磐座があり、大日如来をまつる堂がある。涌泉の注ぐ谷川によって作られた湿地帯から、多量の土師器や坩や須恵器とともに勾玉や有孔円板等が出土したことが報告されていて、古代祭祀遺跡であることは間違いない。

この大日山を神体山とする日神祭祀の祭場が日前宮であった。前章に海人族が日神を祭ったこと、海人族は稲種とともに鉄をもたらしたのであり、製鉄の民もまた日神を祭ったことを述べた。古代製鉄地には、朝日山、朝日姫、朝日長者等の名や日光、日野等の地名のあるところが多く、大日如来を祭る寺院のあるのも珍しくない。日神祭祀が中古以来の神仏習合によって仏教的祭祀にすり替えられただけで、本来は日神祭祀の祭場であった。この地に鉄が得られたことを意味するにほかならない。

中央構造線

紀ノ川流域に鉄のあるのは中央構造線と関係がある。中央構造線とは日本列島の西南部を走る断層線で、信濃の諏訪湖付近から南南西へ、赤石山脈の西縁に平行して水窪を経て西に曲り、渥美半島から伊勢湾を越え、二見付近から高見山地を通り、紀伊

あきた
せんだい
にいがた
かなざわ
まつもと
とうきょう
中央構造線
なごや
しずおか
まつえ
おおさか
おかやま
ふくおか
くまもと
こうち
かごしま
中央構造線
丹生の名を今も残している土地
おもな丹生神社
おもな水銀鉱山

中央構造線

半島を横断して紀ノ川、四国の吉野川、大分県の佐賀関、熊本県の八代付近に達する。その北側二、三〇キロの幅で発達しているのが領家（りようけ）変成帯であり、南側に分布するのが三波川（さんばがわ）変成帯である。

　領家変成帯は七、八千万年前に圧砕作用をうけながら貫入した花崗石類が変成して形成され、白雲母黒雲母片岩や角閃石片岩等から成り、三波川変成帯は緑泥岩、絹雲母片岩、石英片岩等から成るが、ともに鉄・銅資源と深い関係があり、キースラーガー（層状含銅硫化鉄鉱床）とよばれる鉱床の存在することが知られている。現に中央構造線に沿って丹生の地名や丹生神社が多く、水銀鉱山も多い。

　この中央構造線の紀伊半島における東のはし、五十鈴川のほとりに伊勢の神宮があり、西のはし、紀ノ川河口に日前・国懸神宮がある。ともに日神祭祀の祭場であったことは、けっして偶然ではなかったのである。

八　太陽の道と鉄

太陽の道

昭和五十五年二月十一日、NHKテレビで「謎の北緯34度32分をゆく――知られざる古代」と題した放映があった。大和の三輪山の麓、箸墓を基点とした東西軸北緯34度32分の線に「太陽の道」を想定して、そこに太陽神の祭祀の跡を追ったものである。これは水谷慶一・小川光三氏の仮説によったもので、水谷氏の『知られざる古代』、小川氏の『大和の原像』という著書にもなっている。

それによると、箸墓を貫通する東西の直線上に、なぜか古代遺跡が点々と並ぶ。いずれも太陽神の祭祀のあとがうかがわれるところから、この歴史の謎に挑んで、ご苦労な踏査を重ねた末、「古代国家成立の秘密をにぎる蔭の測量士がいた。それが日置氏である。」とされるものである。

わたしは水谷氏や小川氏の着眼の奇抜さにむしろ敬意を表し、かつ、またこのような経費と資材を費して踏査のできるNHKディレクターの立場を羨望もした。しかし残念なことに両氏とも、古代祭祀の蔭に「鉄」の文化があったということへの視点がまったく欠落している。

朝日さす夕日

北緯34度32分の線上には、たしかに太陽神祭祀の跡が点在する。箸墓を基点に東にゆけば三輪山頂、長谷寺、室生寺、倶留尊(くろそ)山、丹生寺、そして神宮の斎王の居館であった斎宮跡にゆきつく。西に行けば、二上山を越えて、河内の日置荘、大鳥神社から大阪湾を渡って淡路島の舟木である。

それらの地がいずれも太陽神の祭祀に関係していることを水谷氏は指摘されるのである。なかでも三重県美杉村(現、津市美杉町)漆の地の御壺(みつぼ)山(三坪山、標高六〇七メートル)に、

朝日さす夕日輝く御壺山
つつじの下に黄金千両
(又は「黄金の鶏の埋めありけり」)

という謎の歌をたよりに掘ったところ、山頂から経筒が発見された(昭和九年)ことを紹介し、またその地に日置姓の家の多いことから、太陽観測や方位測定と密接に結

びつけて、日置氏を古代測量士と断定されるのである。
　じつは、わたしはこの放送のあるちょうどその日に、美杉村下之川の仲山神社の弓祭りを拝観に行ったのである。その時点では、まだその夜の放送の内容はまったく知らなかった。案内してくれたのは美杉村上多気鎮座の北畠神社で禰宜(ねぎ)をしていた宮崎至功氏である。

　弓神事のあと付近を踏査したところ、不動ノ口と称する聚落より川沿いに一〇〇メートルばかり登ると、いたるところ鉄砂の露出した崖が眼についた。なかでも一段と高く削りとられたような崖となっているところに泉が湧いていて「天降照大御神」と書した鏡を掲げてあり、地上には「天上黄（青・赤・白・黒）帝竜王」と書した頭大の石も並べてあって、修験道の呪術とうかがわれた。崖は水酸化鉄の層をなしていて、明らかに鉄穴(かんな)流しの跡である。

　わたしは崖に掲げてある鏡を指して、宮崎氏に「むかし〝朝日さす夕日輝く何処そこに〟という謎の歌をのこしている伝承の地がよくあるが、ここはちょうどそのような地にふさわしい」という話をしたところ、彼は、そんな伝承の地が近くにあるという。どこか？　ときけば、ここから三キロほどの山の中だというので、さっそく行ってみることにした。まだ雪の深い頃であった。

そこが御壺山であった。

御壺山の経塚

御壺(みつぼ)山頂上の経筒がでてきた位置には、碑が立っていた。考古学の方では有名な御壺山の経塚である。内容は鎌倉時代のものということであるが、経塚への小径を一〇〇メートルばかり下りたところに、かつて日吉神社が祭られていた由で、明治四十一年の神社合併によって北畠神社の末社に合祀されている。

御壺山の経塚

跡地は雑木に覆われているが、それとわかる標示をしていて、かなりの規模であったことが察せられる。その旧址と道を隔てて隣接する凹地は、現在杉が植林されているが、数千平方メートルにおよぶ広場で、むかし殿さまの「ご上覧場」と称し、猿楽等種々の芸能を催したところであるという。わたしは、ただちに諏訪大社の御射山(みさやま)祭や、日光中禅寺湖のほとりの「歌の浜」を想起した。

ひところ「古代競技場」とか「日本オリンピア」とかいって騒がれた諏訪大社の御射山祭の行われたという霧が峰と八が岳の階段状の凹地の遺構は、流鏑馬(やぶさめ)や犬追物をはじめ、種々の競技や芸能のおこなわれたところらしいが、その実態はまだ解明されていない。金井典美氏は高層湿原祭祀を想定しているが、わたしは古代製鉄とのつながりを想定している。湿原祭祀が元来鉄の原料である「スズ」を得るための呪儀に発祥したもので、湖沼や湿原の水辺の植物の根に生成される「スズ」、すなわち褐鉄鉱の団塊を得るためにおこなった呪儀、または予祝の祭祀が芸能をともなったのであり、それが猿女の巫祝ともなったのである。弓の神事もそれであった。

日吉神社と猿女の巫祝

猿女君の祖と伝える天鈿女命が「着鐸の矛」を持って舞い、日神を招ぎ迎えたのは、元来が「鐸(さなぎ)」に象徴される「スズ」の生成を祈請した招魂(たまふり)の呪儀で、それが神事芸能の発祥を語る神話となったのである。猿女君といい、小野猿丸というのもその芸能の伝承者だったのである。

天の岩戸に隠れた日神を出し奉るために行ったという天鈿女命の神楽は、ようするに日神招禱の儀礼であるが、山王権現の名で知られる日吉神社は、比叡山を神体山とする日神祭祀の祭場で、そこに猿女君氏の養田があった。猿が日吉山王の神使となっているのは、日神祭祀に猿女君の巫祝がなければならなかったからである。猿が日神祭祀に結びつくのは、日出前に欣喜噪躍するというその習性によるらしい。このことを指摘したのは南方熊楠である。

猿女の巫祝は猿楽・田楽の源流をなすが、さらにそのもとをただせば、海人族が鉄を求めておこなった予祝の儀礼に由来する。

朝日夕日伝説

「朝日さす夕日輝く云々」の歌は、柳田国男もしばしば書いていて、むかし長者が財宝を埋めて、その場所をこうした謎の歌に托して遺したという伝説は各地にあり、「朝日夕日伝説」とも「金鶏伝説」ともいう。宍戸儀一も、かつて多くの猿丸太夫が小野神を奉じて、この謎の呪言を落としながら富の眩ゆい鉱床を求めて漂泊したことをあげ、その小野神の後姿が日吉山王に似ており、その肩には日の出前に欣喜噪躍するという猿のあったことを説いている。

わたしはかねて「朝日さす夕日輝く云々」の地が、必ずや財宝ならぬ鉄の在り処を教えている物と想像していたが、御壺山はまさしくそのような地であった。山頂への小径の傍にも、日吉神社旧址の付近にも、キラキラ光る雲母の混った赤土が露呈しているが、鉄分の豊富なことは一見して明らかであった。

宮崎君はＮＨＫ取材班に、日吉神社のことも、ご上覧場のことも話した由であったが、放送でもその後の著書でも、そのことはまったく無視されたのか触れられていない。しかし、じつはその点にこそもっとも大切な問題解明の鍵が秘められていたのである。

日置氏と日神祭祀

そしてさらに驚くべきことは、漆の地を含む多気の地には日置姓の家の多いことである。水谷氏はこれを古代測量士と断定されたが、古代人は太陽の運行によって測量するのは現代人よりもはるかによくしたところで、かならずしも特定の氏族でなくともよかった。日置部の職掌としたところは、日祀（日奉）部と並んで日神祭祀にあった。日置流と云えば弓道の代表的流儀である。弓矢が海人族の日神祭祀の祭具であるとすれば、日置、すなわち日を招ぎ迎える祭祀に用いた弓矢から、弓術の流儀の生まれるのは当然であった。

多気には「海住（かいじゅう）」と名のる家もあり、海人族の出身であることは明らかだが、美杉村の山中深く海人族が住いしていたことを示すもので、日置氏も同じ海人族の一であり、弓矢をもって日神の祭祀を行いつつ製鉄に従事したものと察せられる。製鉄は水稲農耕の推進のためである。現在も美杉村の米の生産量の七〇％は山間の僻地である漆の地であるという。

日置部と製鉄

日置氏が製鉄と結びつくことは、垂仁天皇紀三十九年十月条に、五十瓊敷命が茅渟（ちぬ）の菟砥（うと）の川上宮に居て、大刀一千口を作ったとき、これに参加した十箇に品部の中に日置部もみられることがあげられる。日置氏が製鉄に関わった氏族であり、漆の地に鉄がえられたとすれば、ここに日置姓の家が多いことも不思議ではないのである。

廬城部連武彦と栲幡皇女

漆の地から山道を三キロばかり東に下って、雲出川のほとり下之川の地に仲山神社があり、そこに弓祭りが伝承されているのだが、雲出川を下ると一志郡（現、津市）白山町の家域に出る。そこは雄略天皇紀（三年四月の条）に記されている廬城部連（いほきべのむらじ）武彦と神宮の斎王栲幡皇女（たくはたのひめみこ）との悲話の伝承地である。

それは阿部臣国見（あべのおみくにみ）という者が、栲幡（たくはた）皇女と湯人（ゆえ）の廬城部連武彦とが姦通（かんつう）して皇女が懐妊したとざん言したため、武彦の父枳莒喩（きこゆ）がこの流言を聞いて禍いの身に及ぶことをおそれ、息子の武彦を廬城河に誘い出し、鵜飼をすると偽って殺してしまった。天皇は皇女に詰問されたが、皇女は「知りません」と答え、にわかに神鏡を持ち出して五十鈴川のほとりに出て、人の行かぬところに鏡を埋めて自殺した。天皇は皇女の不在によって、闇夜に東西を探索したところ、河のほとりに虹が蛇のように四、五丈ばかりに立っていたので、そこを掘ると神鏡をえ、また遠からぬところに皇女の屍をもえた。腹を割いてみたが水ばかりで水の中に石があっただけである。枳莒喩はこれによって息子の汚名をそそぐことができたが、かえってわが子を殺したことを悔い、報復のため国見を殺そうとした、というのである。

廬城河というのは、『三国地誌』に「廬城は今の家城也。此河川口郷家城村の前を流る」とあって、廬城は三重県一志郡白山町家城で、廬城河は雲出川にほかならないと知られる。

伊福部氏の職掌

廬城部氏は伊福部（五百木部）氏と同じである。伊福部氏は、先にも述べたように、尾張氏と同祖で火明命の後である。伊福部氏の職掌は藤原京、平城京、および初期の平安京の十二の宮城門の一にその名が冠されている門号氏族であるところから、軍事的氏族とされてきた。軍事的氏族であることは認められるが、その本来の職掌については、

① 笛吹部とする説
② 景行天皇の皇子五百城入彦皇子の御名代部とする説
③ 火吹部、すなわち天皇の食膳を煮炊きする湯人とする説

があった。①は別に笛吹部があり、②は景行天皇の御代というような古い時代に、御名代がおかれたとは考えられないとして、③の説が有力であった。その理由は、雄略天皇紀三年四月条にみえる「湯人廬城部連武彦」の記事によって、廬城部が伊福部にほかならず、ここに「湯人」とあるのは、火吹によって湯を掌る「湯坐（ゆえ）」であったとするものである。

湯人（ゆえ）

皇子・皇女の養育の費用を出すためにおかれた部を湯坐部（湯部）といい、伴造としては湯人連・岩湯人連があった。湯坐は嬰児の入浴や食膳の煮焚の湯を扱うことを職業とすることから生じたとされてきた。しかし、タタラ炉の火に熔けて流れる烙鉄のことを「湯」ということを知ったわたしは、文字どおり「息吹」、すなわち、吹子による送風の技術に長じて火を吹いたことによるものと解した。その意味からするなら「火吹」と解してもよいが、「湯人」とは、入浴や煮炊の湯を沸かす意ではなく、吹子によるタタラ炉の火を吹いて熔鉄を扱う人の意であり、伊福部氏本来の職掌は吹子によるタタラ炉の操作であり、製鉄技術集団を部民として管掌する氏族であったと断定してよいと思う。谷川健一氏も同様の見解を発表されていて、これは、貴人の子供が銅や鉄のようにつよく育ってほしい、と願いをこめた呪詞に発するものではないかとされている。ただし谷川氏は伊福部氏を銅鐸の出土地と結びつくところから、鋳銅者とされるが、私見は本来製鉄の民とみている。

度会の神々

湯人廬城部連武彦は神宮の斎王栲幡皇女との関係を噂され、禍の身に及ぶことを怖れた父枳莒喩のために廬城河に殺され、皇女もまた神鏡を持ち出して五十鈴河のほとりにこれを埋めて自経した。

神鏡を埋めた地は、皇大神宮の末社津布良神社のある度会郡玉城町積良に比定されている。積良を含む玉城町一円に皇大神宮摂社鴨神社、田乃家神社、蚊野神社、棒原神社、奈良波良神社、坂手国生神社、末社津布良神社など多くの摂末社が存し、なかでも津布良神社の北約一キロ余の玉城町矢野に在る摂社田乃家神社は、『皇大神宮儀式帳』に「田辺神社一処」としてあげ、

> 太神の御滄川神と称す。形鏡に坐す。大長谷天皇（雄略）の御宇、定め祝ひまつる。

と記すところで、その四至を、「東を限る、五百木部浄人家並に小道」としている。すなわち、ここにも五百木部（廬城部氏）が住していたこと、五百木部氏と栲幡皇女の間に密接な関係のあったことがうかがわれる。

それとともに筆者の踏査したところでは、玉城町の各摂末社鎮座地付近は、いずれも鉄分を多く含んだ赤土で、やはり一円が産鉄地であることがたしかめられる。赤土でないところはたぶん中世以来社地不明となっていたため、寛文より元禄にかけての頃、大中臣精長らが再興したところである。そしてまた、この地に本貫を有して皇大

神社の禰宜となったのが荒木田氏であった。荒木田氏は出自を中臣氏とするのは造作で、元来は宇治土公(うじとこ)氏と同じく、磯部氏から出た在地の豪族であった。

殺頭が淵

湯人廬城部連武彦が父枳莒喩のために殺されたのは『三国地誌』によると「殺頭(せと)が淵」としている。現在は「瀬戸が淵」と記しているが、雲出川が家城(いえき)のすぐ下流で川床の岩盤の露呈した景観を呈しているところである。後年、天武天皇の皇女、十市皇女が伊勢の神宮に参詣したとき、波多の横山の巌をみてお付きの吹芡(ふききの)刀自が作ったという歌、

河上のゆつ岩群に草むさず常にもがもな常処女(とこおとめ)にて（『万葉集』巻一・二二）

を詠んだのはこの地であった、と考えている。

この川の左岸は八対野(はったいの)といい、大和より青山峠を越えて伊勢に入って、まずさしかかるのがこのあたりだからである。対岸に関の宮といい、聖武天皇も行在所となされたところがある。瀬戸が淵の東方、つまり雲出川右岸の丘陵にはいくつかの古墳が点在するが、いずれも鉄製品を出土している。

家城の古墳と鉄

家城の南東、字片山は俗にミドダニ古墳と呼ぶ丘陵となっているが、そこから縄文中期以降の土器片や石鏃が発見されたが、そこにコメンド塚と呼ぶ円墳があり、その南方丘陵にもカガフタ古墳と呼ぶ二基の円墳があって、出土品に鉄鏃・鉄鉾・鉄釘のあったことが報告されている。

また「関の宮」の南、御城字的場の南方にある馬廻り古墳群は、一号墳（南北一一メートル、高さ一・八メートル）・二号墳（南北一〇・四メートル・高さ二メートル）とともに羨道を有する横穴式石室の円墳であるが鉄鍔付鉄刀と鉄鏃を出土し、白山比咩神社東南の円墳からも鉄刀一振を出土している。それらの円墳はおおむね六世紀後半から七世紀代に編年され、規模からみて小豪族であるが、副葬品中に金銀を使用した装身具や、西域から輸入しなければ手に入らなかったガラス製の玉類があるところから、畿内の政権がその傘下に加わった地方の首長に与えたもので、この地方の首長が大和政権の傘下にあり、また大和政権から任命された官人であったことを物語る。廬城部氏はまさにそうした地方の首長であり、雲出川流域の製鉄の部民を管掌していたことと察せられる。

家城には家城神社（村社）があるが、もとは諏訪神社といった。明治四十二年十月、北家城の白山比咩神社をはじめ、各境内社も含め十六社を合祀して、祭神は菊理比咩命を主神とすることになり、諏訪神社の名も失なわれたが、元来は建御名方神を祭神とし、土地の人は現在も「お諏訪さん」と呼んでいる。製鉄の神としてのタケミナカタの神と考えられることになる。

阿閇氏と伊賀

家城の地で、西から雲出川にそそぐ支流を藤川といい、その地を「藤」という。ここからも鉄の採れることを若尾五雄氏より教示を得た。「藤」は砂鉄を採取するに用いた藤蔓を想起する。そしてそこから西へ青山を越えると伊賀国である。伊賀国を支配したのが阿閇（あべ）氏で、阿閇氏は『新撰姓氏録』によれば「孝元天皇の皇子大彦命の後なり」とあって、上野市一の宮鎮座の敢国（あえくに）神社を奉祀し、大彦命の裔を称して伊賀国阿閇郡を本貫とした。敢国神社は大彦命のほか金山毘売神、少彦名神をまつり「南宮」とも称したことは先に述べた。

大彦命といえば例の稲荷山古墳出土の鉄剣の銘に記された人物であるが、敢国神社の東北約一・二キロには大彦命を葬ったと伝える御墓山古墳があり、付近の地は「佐那具」と称する。

青山峠にさしかかる伊勢路の西は阿保であるが、そこからは銅鐸が出土している。名賀郡阿保村柏尾（現、伊賀市柏尾）で、大正七年六区突線帯文の一〇七センチにおよぶもので、東京国立博物館に蔵されている。

「阿保」とは「穴太」で「穴生・穴穂」とも記し、「鉄穴」を意味する。阿保の西隣、現伊賀市比土からも文久三年にやはり六区突線帯文の一二九センチにおよぶ銅鐸が出土している。しかもこのあたり一円は鉄分の豊富な赤土がいたるところにみられ、現に広大な宅地造成の進められている名張市滝之原では一面に「赤目」が露出している。「赤目」（あこめ）とは、褐鉄鉱・赤鉄鉱の混じっている砂鉄で、四十八滝で名高い赤目の地はこの一角である。

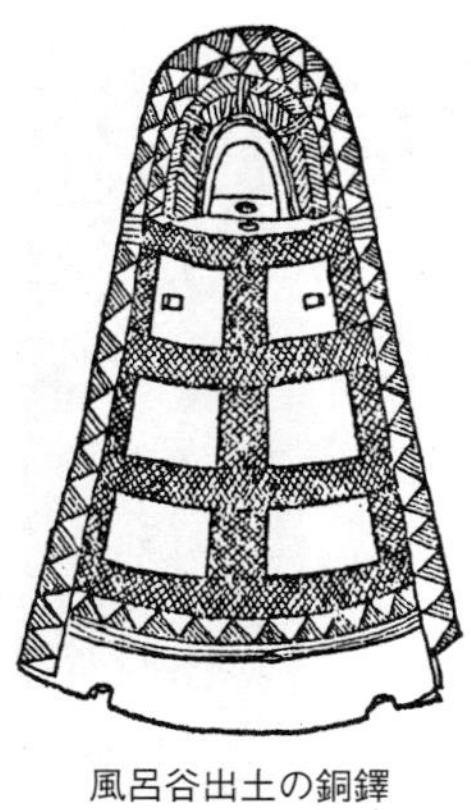

風呂谷出土の銅鐸
（「銅鐸考」所蔵）

風呂谷の銅鐸

家城の東、白山町川口からも文政八年に銅鐸が出土している。現物は失われたが、津藩士石川之褧の記した記録「銅鐸考」が残っていて、挿図まで描かれている。出土したのは国鉄名松線伊勢川口駅

金刀比羅神社・旧址金山彦神の祠

東南の丘の斜面で、「風呂谷」と称する浅い谷を抱えるようにしたその丘は、標高九五メートル、頂上までものの五分とかからない。地元の古老長崎金吾氏の案内で調査をしたところ、長崎氏の説明によると、丘の頂上には「コンピラさん」がまつってあったが、明治四十一年、川口白山比咩神社に合祀された」とのことであった。

ところが頂上の社殿の趾は一間四方、高さ四尺ほどの石積の壇となっていて、壇上に石造の小祠が設けられているが、その扉に金山彦神と彫ってあり、「コンピラさん」として崇敬していたのは、金山彦神であった。しかも付近は水酸化鉄が地表に露出していて、一見して鉄分の多いことが知られる。

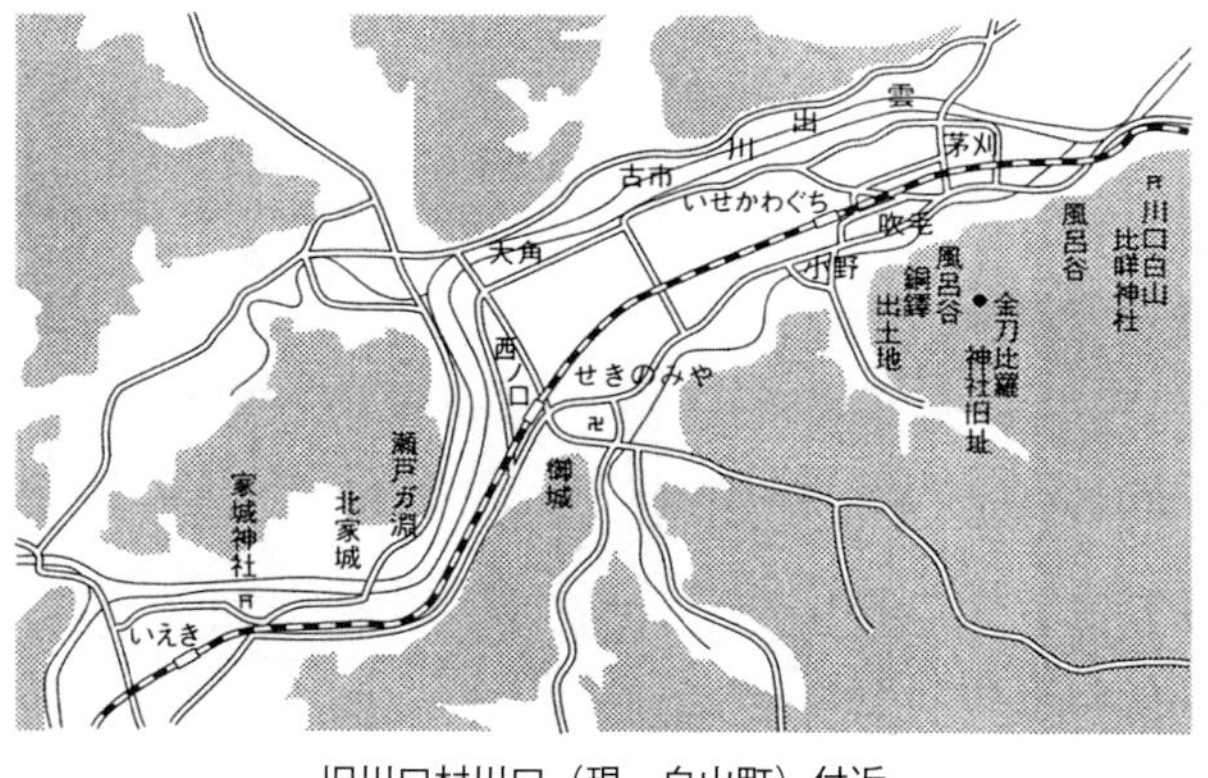

旧川口村川口（現、白山町）付近

吹気と茅刈

丘の頂上からも中腹からも、旧川口村（現、白山町川口）のほぼ全域を見渡すことができる。現在、雲出川と弁天川に挟まれた一円の田圃となっている地域であるが、そこは低位段丘礫層である点からみて、古くは湖水であったと思われ、したがって風呂谷の銅鐸は、その湖水に面した丘の中腹に埋祭されていたわけで、湖沼や湿原の水辺の植物の根に堆積してできる、褐鉄鉱の団塊「スズ」の生成を待ち望んで見渡すことのできる丘の斜面に埋祭したのが銅鐸である、とする私説を裏づけるものである。

　はたせるかな、風呂谷の麓の字を「吹毛」といい、もとは「吹気」と書いた由、明らかに「息吹」と同義の吹子の気を吹くことを意味する。しかもその地には「茅刈」という小字もあり、「みすずかる」と同様の茅の生えた地で、その奥に堆積した「スズ」と採ることと、茅を刈りとることとは同義であった、という私見をそのままあてはめることができる。

吹気の西隣の聚落は「小野（おおの）」である。そこに小野神社があった。この神社も、やはり明治四十一年に白山比咩神社に合祀されたが、小野神社といえば、鉄鐸を着けた矛を持って舞ったという、天鈿女命を祖とする猿女君と関係がある。

銅鐸の出土地に金山彦神を祭り、吹気といい、また小野という地があり小野神社を祭っているのは、ここに弥生時代の製鉄が行われていたことを証するものである。しかもその隣接する聚落は家城で、雄略天皇紀にみえる廬城部氏にまつわる伝承地であることは、けっして偶然ではなかったのである。

かくして、北緯34度32分の線上に「太陽の道」を想定して、そこに日置氏の足跡のあるところから、これを古代測量士とみた水谷慶一・小川光三氏らの仮説は失当といわざるをえず、鉄こそが「太陽の道」の正体であった。

九　修験道と鉄

謎の歌と山伏

三重県津市美杉町下之川という地に仲山神社があり、金山彦神を祭神とし金生宮、金生大明神とも称し、毎年二月十一日（もとは旧正月十一日）に「牛蒡祭り」と称する弓祭りが行われる。この下之川の仲山神社の近く、不動ノ口で、「鉄穴流し」の跡を発見した。そこには不動さんが祭られていて、これはむかしからのものだが、鏡を掲げ「天降照大御神」と書して祭っているのは、地元のさる人の近頃にされているとのことであった。そのやや下流にも、古来の磐座と思える岩に、白ペンキで「天降照大御神」と大書して祭場の形を整えていた。

炭を焼いているその家を訪ねたところ、先年訪れた修験者の指導によってしたことの由であった。その家の周囲にはおびただしい穴を掘っていて、それもその修験者の指導によるもので、その家の息子さんは、とうとう、その修験者について当てのない流浪の旅に出たという。わたしがそこで想起したのが先にも記した、

朝日さす夕日輝く　何処其処に

との謎の歌に託して遺したという伝承を頼りに、無益な発掘に労力を費やした話が全国各地によくあるとのことである。

彼らは財宝を求めて山野を漂泊した文字どおりの山師であるが、それが山伏となり、修験者と結びついた。わたしは右の歌の伝承地は、朝日長者や朝日姫の伝説地とともに、おそらくはもともと鉄を産したに違いないと推測している。製鉄の民は日神の祭祀を行ったからであるが、鉄を得ることも製鉄を行うこともなくなって、そうした伝承を目当てに、隠れた富の鉱床を求めて漂泊した一群の人びとがあった。彼らはしばしば日吉神（山王権現）や小野神を奉じて諸国を流浪したが、その肩には猿があった。小野猿丸の伝説となる。

一方には、犬にも似た一種の嗅覚で鉱床を探り当てようと、「朝日さす夕日輝く」地を求めて歩く修験者があった。山伏である。山伏はもともと山師であった。だが、奈良時代あるいはそれ以前にもさかのぼる、そうした山伏の発生から千年の余もへだてた現代に、なおもそれがより屈折した形で行われていることを知ったのは驚きであった。

北畠神社

北畠神社と修験

仲山神社の鎮座する下之川より、雲出川をさらにさかのぼると上多気に至る。そこに鎮祭されているのは北畠神社で、北畠親房の三男顕能が、延元三年（一三三八）伊勢国司となり、この地に本拠をおいて以来、南朝の勢力を支える策源地となり、南北合一後も、天正四年（一五七六）具教のとき織田信長に滅ぼされるまで、八代二百四十年にわたって国司の居館があった。いまも室町期の庭園があり、背後の霧山城は中世山城の遺構を示している。

寛永二十年（一六四三）、北畠氏の裔孫鈴木孫兵衛が祖霊をまつって真善院と称したが、後に、多芸神社という神社となって明治に至り、北畠神社と改称し、昭和三年、別格官幣社に列した。

ところで、北畠氏はここを本拠として、南伊勢五郡はもとより、大和の宇陀、紀伊熊野を支配し、一時は北伊勢をも略定した。その力の根源を、従来は伊勢平野の米と伊勢・志摩の海産物に依存したものとみられてきたが、それだけでは、時に室町の幕府を脅かしたほどの勢力を維持しえたかは疑問である。じつは、背後に吉野・熊野から伊勢にかけての修験者との連繫があったことは知られている。

御金の嶽

修験者は兜金をいただき、鈴懸・結袈裟を著け、金剛杖をついて山間を跋渉した。その霊場は、出羽三山、日光二荒(ふたら)山、加賀白山等全国数ある中でも、吉野・熊野の山々がその中心であった。とくに吉野の金峰(きんぷせん)山は修験道の根本霊場で、この山に入り苦行修練することが理想とされた。

金峰山には金山毘古神を祭る金峰神社があり、『万葉集』には、

み吉野の　御金の嶽に　間無くぞ　雨は降るとふ　時じくぞ　雪は降るとふ云々
（巻十三・三二九三）

との歌がみえ、また『扶桑略記』所引「道賢上人冥途記」にも、

黄金の光明甚だ照り、北方に一金山あり、その中に七宝の七座ありと金属の存在を示唆しているが、これらの「金」への志向については、和歌森太郎氏は「奈良時代には天然資源の開発が進み、鉱山物への関心が高まり、金属文化への志向も強まっていた時で、そのような時期に、吉野山のような聖地は金産地ではあるまいかとの半ば願望を交えた疑問がまず起こり、さらに吉野山について種々快適な条件が想い出されてくると、いよいよこの山は金産地かもしれぬと思うに至り、ついに金産地に違いないとの独断的推測までおこなわれるに至った」と説いている。

これは「金」を黄金とのみ解したことによる誤りである。「黄金は後世吉野山には得られないため、かような願望から独断的推測に至った」と説かれるのであるが、金峰神社に金山毘古神を祭っていることは、この地に「金」の産したことを示しているのであって、その「金」はかならずしも黄金とは限らない。

古代においては、「金」はなによりも鉄であった。吉野の「賀名生」の地も「穴生」で、この「穴」は「鉄穴」であり、産鉄地にほかならない。

吉野の霊場

『古事記』によると、神武天皇の大和平定にあたって、吉野に至ったとき、光っている尾のある人物が出てきたので、汝は誰かと問うと、「国つ神、井光という」と答え、これは吉野首の祖であり、さらに尾があって磐石を押し分けて来た人があり、これは磐排分の子であるといい、吉野の国樔（くず）の祖とされている。

この説話についても和歌森氏は、吉野の快適な理想郷を神仙郷に擬するに至ったとされているが、苦しい解釈といわざるをえない。この所伝は、光っていることといい、磐を排し分けて出てきたというのも、鉱産物の存在を暗示し、尾を生やした国つ神とは獣皮の尻当てをした穴居住民をさすとも、光ある井戸とは水銀の坑口をさすともするのが通説である。吉野連は『新撰姓氏録』大和神別に「加禰比加尼（かねひかね）の後なり」とあり、水光姫というのも、水銀の光にもとづく名とされている。

私見はむしろ、雲母が混って光っている水中の鉄砂と想定している。吉野から熊野にかけての紀伊の山々には丹生の地名にも知られる赤土を多くみるからである。その点、五来重氏が吉野・熊野をはじめとして修験道の霊場となっている山がすべて鉱山地帯であることを指摘されているのが正しいと思う。

修験道発生の通説

修験道は、高山幽谷の森厳の気に接したものがおのずからに抱く宗教的感情にもとづき、浄界に身をおいて苦行を課することにより、呪法を修め、特殊な験力を得ようとする宗教である。その発生の要因については、まず山に対する崇敬信仰が考えられ、その第一は、秀麗な高山、幽邃（ゆうすい）な深山の峻厳さに打たれて抱く厳粛感・神秘感、ないし畏怖感を契機としての信仰であり、第二は里人の実生活に関係ある山で、周囲に住む人びとに農耕の水をもたらす山の神、農耕を守る山の神への信仰、第三は山に棲む山人や修行者に対する特殊な崇拝畏怖の感情の三つが考えられ、こうした山岳への崇拝に加えて、日本の原始信仰にあったシャーマニズム的要素が結びついて発生したものという。

つまり、山を背景としたシャーマンの活動があって、かれらが山への神秘感・畏怖感を契機として超俗啓示の境へと練行を重ねて、霊力・験力を得ようと山林を抖擻（とそう）（仏道の修行）したのが山伏であり、そこに修験道発生の要因があった、とするのが通説である。

修験道の現実的動機

わたしも右の通説を否定するものではないが、山伏が山林を修行し、呪法を身につけるために自ら苦行を課し、呪法を修したについては、そもそもの発祥にさかのぼるなら、より現実的な動機があったに違いないと思う。

人びとのある宗教への入信の動機は、自らの形而上的要求によることも少なくないが、一般には、現実的・功利的動機による場合が多い。精神的な悩みの解決のために入信するもの、物質的要求の充足を求めて入信するもの等さまざまであるにしても、功利的動機であるのが普通である。この功利的動機によって入信したものをも、修行を重ねているうちに、おのずから功利的欲求から脱却して、超俗の境に入らしめるところに宗教としての価値がある。

修験道は霊能の宗教である。霊能の宗教とは神力を蒙って自己の霊力を強め霊能を高める宗教のことである。その方法を苦行に求め、苦行によって霊能を獲得しようとするのだが、その動機に功利的要因のあることは否めない。前記の「道賢上人冥途記」にみられる金峰山浄土観のごときも、憧れの地に対する願望を描いたものとされているが、空想的な願望ではなく、現にある鉱物資源の状態を描いたものと解することができる。

金剛蔵王菩薩

修験道の本尊は不動明王である。金峰山を中心とする吉野・大峰系修験道では、金剛蔵王菩薩といっている。金剛蔵王菩薩は、右手に三鈷杵（三叉になった金属製の法具）を持ち、片足を大きく上げて、いっさいの魔障を調伏せんとばかりに、いかめしい形相で、怒髪を逆立てながら、左肘を大きく突き出し、右手を頭の上方にかざして構えた姿である。このような蔵王菩薩の形相に現われる精神こそ、修験者の体得すべきものとされたのである。つまり何ものにも屈しない、一切の障碍をも排除し、いかなる難行苦行にもたえて、異常な験力を体得するのが験者の理想であり、そのためには、蔵王菩薩、不動明王にみられるような、一切の誘惑をも退ける不動の信念が要求されるためである。

和歌森太郎氏は、金剛蔵王菩薩は、金峰山が「金の御嶽」としての観念から、「金剛」（堅密なる鉱石）の連想を起こして、天部界の守護神将なる執金剛神がこの山にもおるという思想が上代にあり、それが黄金まばゆい金峰山には神仙が宿るという道教的観念によって、この蔵王が一山の守護として鎮っているとの信仰に発展した、とされている。

唯物史観の立場をとっておられた和歌森氏にしては、あまりにも観念的な解釈で、わたしはむしろ、五来重氏が説かれるように、金剛蔵王とは文字どおり埋蔵する金属を支配する王、という意味があったとする説に同意する。それというのも吉野から熊野・伊勢にかけては鉱物資源が多量に存することは科学的に証明できるからであり、この鉱脈を探りあてるには、あらゆる艱難にたえて挑戦する不屈の魂を必要としたからである。

吉野・熊野から伊勢にかけて鉱物資源が在するのは中央構造線に関係がある。先にも述べたように、中央構造線は、伊勢・二見付近から高見山地を通り、紀伊半島を横断して紀ノ川河口に抜けているが、その北側に発達する領家変成帯、南側の三波川変成帯もともに鉄・銅資源と関係があり、キースラーガー（層状含銅硫化鉄鉱床）と呼ばれる鉱床が存する。つまり、吉野・熊野の山中には豊富な鉱物資源を提供しているわけで、その鉱床を求めて、山中を跋渉（ばっしょう）・抖擻（とそう）したのが山伏――山師であった。彼らが法螺貝を吹き鳴らし、三鈷杵を振り鳴らすのも、鉱脈を探りあてるための呪術に発した、と解することができる。

役行者と葛城山

修験道の祖師と仰がれている役行者（えんのぎょうじゃ）の伝説地である葛城山（金剛山）も領家変成帯中にある。金剛山の千早赤坂村の千早はもと「血原」で、赤坂は文字どおり赤土であり、この付近の土壌は代赭色を呈し、朱砂（辰砂）を含んでおり、鉄分も豊富である。

このことを示教されたのは中村直勝氏で、中村氏はこの付近に鉄・銅・朱砂といった鉱産物があり、これが楠木正成らの活動の源泉であったことを述べられた。じじつ、ここから大阪湾にそそぐ石川の支流に佐備川があり、佐備神社（富田林市佐備）・咸古佐備神社（現、咸古神社、富田林市竜泉）がある。「サヒ」とは鉄の古語であることは先に記したところである。

役行者（役小角）が、葛城山と金峰山の間に、鬼神を駆使して橋を架せしめようとしたという伝説も、架空の想定ではなく、両者の間に何らかのつながりがあったものとみてよい。わたしは採鉱上の技術的な面での連繋、つまり橋渡しをしたのが役小角ではなかったかと思っている。

『日本霊異記』の「役優婆塞伝」に、

> 役優婆塞は賀茂の役の公、今の高賀茂朝臣といふ者なり。

とあり、役行者が賀茂の役の民の首長であることを示しているが、「役」とは、採鉱の役を意味したとみられる。それは賀茂氏もまた古くは製鉄と関わりをもっていたことが、例の「おすず」によってうかがわれるからである。

修験者の呪術

修験道はその発祥の根源にさかのぼるとき、このように鉱物資源と密接に関わっていることが判明する。してみると、修験道は、じつは高山幽谷に鉱床や鉄砂を求めて探査して歩いた、採鉱者集団の宗教ではなかったか。かれらがきびしい苦行・練行を課するのは、山野を跋渉する体力・気力を錬えるとともに、何よりも霊力を得て、地中にひそむ資源を発見するためである。

霊能を発動させるのは呪術である。修験道は霊能の宗教であり、呪術の宗教である。土から金を採り、火を用いて精錬し、農具や武器を作ることができるのは大いなる呪術であった。製鉄そのものが、本来シャーマニズムと深く結びついていたのである。湿原に「スズ」を得るために行った鉄鐸による招魂の呪儀も、銅鐸を埋祭したのも、けっきょくはそうした呪術の源流であったろう。

吉野・熊野・伊勢の山間が、修験者の行場となったのは、そこに豊富な鉱物資源、とくに鉄が得られたからにほかならないのである。そして、それは奈良時代以前の、修験道発祥のむかしについていえることであるが、現代にもそのような験者が富を求めて山野を跋渉し、秘伝の呪術を用いて空しい探査をしていることも隠れた事実である。

こうした吉野・熊野から伊勢にかけての山間に、修験者と連携して二百四十年もの間、伊勢国司として勢力を保ってきたのが北畠氏であった。南朝が結んだのもこの修験者であった。吉野朝は修験者によって支えられたのである。その基礎には鉄・銅・辰砂等の鉱物資源があった。そしてこの地と東国、とくに常陸方面との海上の道をとるため、伊勢の海に出る道を扼(やく)する位置にあったのが、雲出川(盧城河)上流多気の地であった。ここに北畠神社が存するのである。

一〇　犬と狩

金屋子神降臨伝説

製鉄技術を集成した文献に『鉄山必用記事』という書がある。一般に『鉄山秘書』の名で知られているが、著者下原重仲（元文三年〜文政四年）は伯耆国（現、鳥取県）日野郡宮市村に居住し、歴代かな山を業とした森家の先祖にあたる。原本の所在は不明であるが、享和三年、江戸の中楯文右衛門唯明の写した写本が東大図書館にあり、俵国一氏によって復刻され、さらに三枝博音氏によって『日本古典科学全書』に収録されたが、現在『日本庶民生活史料集成』第十巻に収められている。わが国の採鉱冶金史の重要な文献である。

その中に「金屋子神祭文」といって、タタラ炉の押立柱の中、南方の元山柱に祭られた金屋子神の祭文が収められている。それには金屋子神が、はじめ播磨国宍相郡岩鍋に天降って鍋を作ったが、そこには住むべき山がなかったので、白鷺に乗って西に飛び、出雲国野義郡の奥、非田の山林に着き、桂の木に羽を休めていたところ、安部氏の祖、正重が犬をあまたひきつれて毎夜狩にきたのに発見されたので、蹈鞴をしたてて鉄を吹く術をはじむべしとの神託により、やがて朝日長者が宮社を建て、正重が神主になり、神みずから鍛冶となって、朝日長者が炭と粉鉄を集めて吹けば、神通力のいたすところ、鉄の涌くこと限りなし、という金屋子神の降臨伝説が語られている。

犬と狩

安部の太夫が「狩」に出るに「犬」をあまたひきつれているが、「犬」とは、製鉄の民の間では砂鉄を求めて山野を跋渉する一群の人びとの呼称であった。つまり製鉄の部民にほかならない。してみると、「犬」をつれて「狩」にでたというのは、山間の僻地なるがゆえに狩猟をなりわいとした行為をいうのではなく、鉄の在り処を求めて山野を跋渉する行為をいうものと理解できる。その「狩」をかたどって「もどき」としたのが、弓神事であるが、「犬」が製鉄の部民を意味すると知るなら、犬上・犬飼・犬養の氏や地名も、これをたばねる人びとをいうことと判明しよう。

南山の犬飼

紀伊国天野村大字上天野小字峯(現、かつらぎ町天野)鎮座、丹生都比売神社は、高野山の主護神として、弘法大師が手厚く祭った神社であるが、『今昔物語』巻第十一にはつぎのような説話が載っている。

弘法大師は、真言宗を諸所に弘めた末、老年になって所々の寺々は弟子に譲って後「自分が唐から擲(な)げた三鈷(さんこ)の落ちた所を尋ねよう」と、弘仁七年六月、都を出て尋ねるに大和国の宇智郡に至って、一人の「猟人」に会った。その容貌は、顔赤く、身長八尺ばかりで、青色の小袖を着、骨高く、筋肉太く、弓箭を身に帯して、大小二匹の黒犬をひきつれていた。この人は大師をみて、過ぎ通るとき、「聖人は何のために歩かれるのですか」と問うので、大師は「唐で三鈷を『禅定の霊穴に落ちよ』と云って擲げた。その落ちた地を求めて歩いているのです」といったところ、狩人のいうには、「自分は南山の犬飼です。わたしがその所を知っています。速かに教えましょう」といって、犬を放って走らせ、犬は見えなくなった。

大師はそこから紀伊国の境の大河のほとりに宿をとっていると、一人の山人に会った。大師はこのことを問うと、「此より南に平原の沢があり、そこのことだ」というので明くる朝、山人は大師と連れだって行く間に「自分はこの山の王である。速かにこの領地を差し上げましょう」という。山中に百町ばかり入ると、山の中は鉢を伏せたように、まわりに峯が八つ立っていて、大きな檜が竹のように生立っていた。その中の一本の檜の中に竹の鏑矢があり、三鈷が打ち立ててあった。大師は喜んで、「是れこそ禅定の霊穴」と知った。ところで「この山人は誰か」と問うたら、「丹生明神と云う」といった。今の天野大社（丹生都比売神社）で、「犬飼をば高野明神という」といって消え失せてしまった、というのである。

右によると、「猟ノ人」「大小二ノ黒キ犬」「南山ノ犬飼」等の語がみえ、「犬飼ヲバ高野ノ明神トナム申ス」としている。丹生明神は「犬飼」であると語るのである。「犬」とは鉄の在り処を求めて歩く一群の人びと、つまり製鉄の部民を意味し、したがって「犬飼」とはそれらの部民を管掌する氏族の長であり、また「猟」とは、狩猟を意味するのではなく、鉄を求める行為を弓箭を以て象徴したのであり、「南山」というのも、製鉄においては南方をもっとも神聖視して南方の柱に金屋子神を祭り、製鉄神をまつる神社をしばしば「南宮」と称したのと同様である。したがって、弘法大師が神教をえた「禅定ノ霊崛」は産鉄地であったことがうかがわれることになる。

丹生都比売神社

丹生都比売神社に仕えた丹生祝氏の古伝を記す『丹生祝氏籍記』（丹生広良氏蔵）にも、

美麻貴天皇（崇神天皇）の御世、天道根命の裔、紀伊国造宇遅比古命・国主の御神の其子に座す大阿牟太首並びに二柱、進れる物、紀伊国の黒犬一伴、阿波遅国（淡路国）三原郡の白犬一伴なり。品田天皇（応神天皇）の寄さし奉れる山地、四至は、東を限る丹生川上、南を限る阿帝川、南横峯、西を限る応神山・星川・神勾、北を限る吉野川。御犬の口代に飯を奉る地は美乃国、美津乃加志波（三津の柏）、波麻由布（浜木綿）を飯盛る器と寄せ給ひき。又、此の伴の犬甘に、蔵吉人、三野国に在る牟毛津とふ人の児犬黒比と云ふ人、此の人を寄さし奉る。此の人等は、今に丹生人と云ふ姓を賜ひて別けて奉らしむ。犬黒比と云ふ者、彼の御犬二伴を率引ゐ、弓矢を手に取り持ち、大御神の坐す阿帝川の下、長谷川原に犬甘の神といふ名を得て石神と成りて今に在り。彼の児の裔、十三世祖の時より今に大贄人と仕へ奉りて丹生人と召し、姓を賜ひ侍る。

（田中卓氏校訂による）

とあり、「黒犬・白犬・犬甘・御犬口代・犬甘の神」という語が出てくる。「犬」が鉄生産に携わる部民を意味すると知るなら、「犬甘の神」というのも、それらの部民を支配した人（神）を意味する「丹生人」であることが理解できよう。丹生広良氏蔵の「紀伊天野丹生神主系図」にも「丹生高野御子神」を証して、「丹生都比咩尊之御子、又狩場明神、亦は犬飼明神と称す」とあるのも同様の意味である。

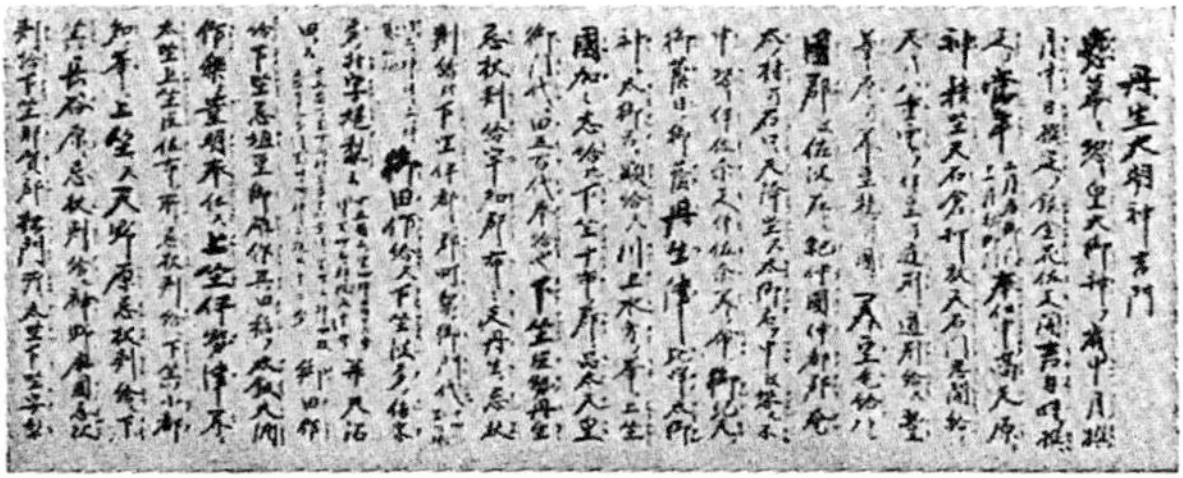

丹生大明神告門（丹生広良氏蔵）

『丹生大明神告門』と布々木の丹生

また丹生都比売神社には『丹生大明神告門』というすこぶる古色に富む祝詞が伝えられている。現在、旧社家の丹生広良氏の家蔵にかかるが、先年同氏宅で拝見させていただいた。

それによると、丹生都比咩神が、紀伊国伊都郡に降臨して、諸方を巡歴の後、最後に天野の地に鎮り坐したと伝えるのであるが、その途中「宇知郡布々木の丹生に忌杖刺立て給ひ」とある宇知郡布々木の丹生とは大和国宇智郡で、ここは紀伊国伊都郡富貴の地と同所である。紀伊国の東端で、古来紀和間でその所在の争われていたところであり、『丹生大明神告門』はきわめて古色に富むものだが、はじめて勘造されてから代々書き継がれて奏上されてきたのであろうから、きわめて古い伝承とともに書かれた最後の時代を反映していて、それはおそらく

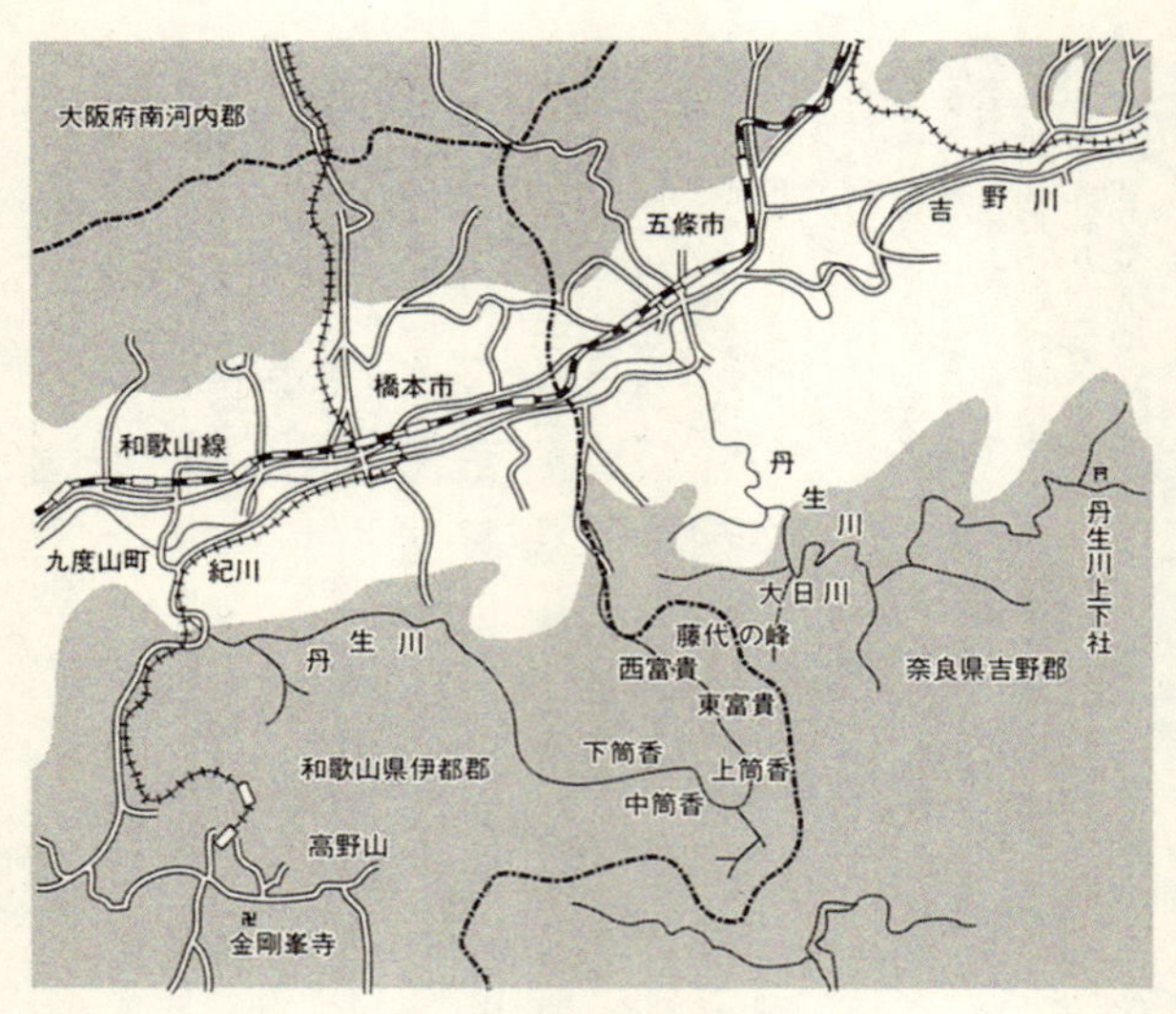

藤代の峯と二つの丹生川

弘仁の頃とみることができ、その頃は富貴の地は大和の国に属していた。

紀ノ川をさかのぼって高野山下の九度山に至ると南から合流する丹生川がある。この丹生川を南にさかのぼると高野山の東、伊都郡富貴村（現、高野町）筒香（つつが）に達する。東方の山は「藤代の峯（タケ）」といい、ここが丹生川の発源地である。山を東に越えると大日川（おびかわ）と称する川に出るが、これも北流して丹生川を称し、五條市の辺りで紀ノ川に合流する。富貴は二つの丹生川の発源地にほかならない。

藤代の峯

『釈日本紀』所引『播磨国風土記』逸文によると、息長帯日女命の新羅平伏にさいして、ニホツヒメノミコトが赤土（辰砂）によって朱を逆桙や舟に塗り、軍衣を染める等のことを教えられたので、帰還の後、この神を紀伊国管川藤代之峯（つつかわふじしろのたけ）に鎮め奉ったとする所伝が記されている。

富貴にははたして藤代の峯の麓には東富貴・西富貴、上筒香・中筒香・下筒香の聚落があり、そこには次のような丹生神社が存する。

富貴村大字東富貴	丹生神社	丹生都比売神 高野御子神
同　西富貴	丹生神社	丹生都比売神 誉多別尊他
同　中筒香	丹生神社	丹生都比売神 丹生狩場明神

富貴とは、伊吹の「吹」、すなわちタタラ炉の火を吹く意の「フキ」であり、「筒香」（管川）の「筒」も、シャフト炉型のタタラ炉の筒である。つまり、地形を利用して筒状の炉体が上部へ向かって伸び、それ自体が煙突の役割をしている炉である。のぼり窯がそれにあたる。

さらに「藤代の峯」は、「鉄穴(かんな)流し」によって砂鉄を選鉱するさい、水流の底に沈澱する砂鉄を抄採るのは、藤蔓をもって網んだ筵(むしろ)を用いたのであるから、この筵の原料としての「藤代」であろう。『住吉大社神代記』の「明石魚次浜」の項には、住吉大社を木国（紀国）管川の藤代の嶺に鎮め奉ったが、後に「針間国」（播磨国）に渡り住まんと、大藤を切って海に浮かべ、流れついたところを「藤江」と号(な)づけ神地としたとある。これは赤目や褐鉄鉱をそのまま製鉄に利用した初期製鉄の段階から、砂鉄による鉄穴流しの方法を会得したことによって、砂鉄の一層豊富な播磨国に移ったことを意味する。

丹生川上天手力男意気続〻流住吉大神

『住吉大社神代記』には、住吉大神を祭る神社を掲げる中に、

紀伊国伊都郡丹生川上天手力男意気続〻流住吉大神（二〇行目）

とも、

紀伊国伊都郡丹生川上社 天手力男意気 続流住吉大神（六七六行目）

とも記した神社があり、また『紀伊国神名帳』伊都郡の項にも、

正五位上天手力雄気長足魂住吉神

とあって、住吉大神が祭られたことが記されているが、天野の丹生都比売神社にも、また前記富貴の丹生神社にも住吉大神は祭られていない。その疑問に答えるのが、右の「木国藤代の峯」に鎮め奉ったが、後には「針間国に渡り住まん」といって、丹生川上から播磨に移られたとする記事である。このとき船木直の関わっていたことも伝えられている。船木氏の本貫の地である伊勢の船木の近くにも丹生の地があり、そこは佐那県に属し、佐那県造が奉じたのが天手力男神（たじからのお）であった。

天手力男神と佐那国造

天手力男神とは、天の岩戸がくれの神話に天照大神を岩戸から出し奉った神として語られていることは周知のとおりであるが、『古事記』の天孫降臨の段によると、「佐那県に坐す」とあり、佐那の県は、三重県多気郡多気町にあり、この地の仁田（丹田）に鎮座の佐那神社が『延喜式』神名帳、伊勢国多気郡の佐那神社二座にほかならない。祭神は天手力男神と曙立王命とするが、曙立王は『古事記』に、伊勢の佐那国造の祖とされていることになる。

しかし一方では祭神を手力男命・若佐那女命とする古伝もあり、佐奈・佐那が、「サナギ」（鐸）と関係あることは十分うかがわれる。この佐奈の地には褐鉄鉱が採れている上、銅鐸も発見されたことは先にも記したとおりである。
天手力男神は皇大神宮に天照大神と相殿に祭られており、弓をもって御霊代(みたましろ)として
いる。弓矢は海人族が日神を招ぎ迎える祭具でもあった。海人族が、鉄を求める行為
を象徴したのも弓矢による狩の姿であった。
船木直の遠祖は大田田命・神田田命というタタラに発祥する名をもち、日神を船に
乗せて迎えまた送り奉ったが、その造った船三艘を武内宿禰をして奉斎せしめられた
のが、志摩神・静火神・伊達神であるという。この三社の神はいずれも紀ノ川河口域
にあって造船に従事した勢力の奉じた神である。

息長足姫命

さらに、「意気続流住吉大神」「気長足魂住吉神」というのも、「気長足姫(おきながたらしひめ)」を連想
せしめる。
気長足姫命の出自は近江の息長氏で、父を息長宿禰王、母を天日槍の裔、葛城高額
姫とする。息長氏貫住の地は伊吹山麓息長村で、この地の日撫神社・山津照神社は父
王息長宿禰王をまつる。ここは『和名抄』に「阿那郷」とあり、『日本書紀』垂仁天
皇三年の条に、天日槍が菟道河からさかのぼって「近江国吾名邑に暫く住む」という

「吾名邑」である。「阿那・吾名」は「穴」であり「鉄穴」を意味する。井塚政義氏の云われる「伊吹〈ねう〉地帯」の中心地で、息長河と呼ばれた現在の天野川を渡って、上・下二つの「丹生」に達する。伊吹山麓はまさにタタラ炉の火を吹くことによる名称であり、息長氏もまた伊福部氏と同じく、タタラ炉の火吹・息吹による名で、製鉄をもって大をなした氏族である。気長足姫命の母方を天日槍命としていることも、そのことを裏づける。天日槍命は帰化系技術者である韓鍛冶を代表する人物（神）であった。

気長（息長）が、こうしてタタラ炉の火を吹くことに由来するなら気長の長いことを象徴するかのような「意気続〻流」という表現も、その文意をタタラ炉の火吹の意に還元して理解することができる。その地が「富貴」「布々木」であることもけっして偶然ではなく、じじつ、古代製鉄の実際に行われていた姿を示唆するのであろう。ただし、その地は砂鉄採取以前の、「丹」すなわち赤鉄鉱や褐鉄鉱を原料としていた時代を想わせるものであることも、前記のとおりである。

サナと丹生

あえて想像をたくましくすれば、丹生川上の富貴の地ではそのはじめ天手力男神を奉祀する佐那県直と同じ海人族出身の人びとが、若佐奈女の名にもうかがわれる「サナ」、すなわち、サナギ（鐸）の原型である褐鉄鉱や赤鉄鉱を採取して製錬を行っていたのであろう。そのことはこの地の赤土の状況から容易に察せられる。もとより朱砂も採れたから丹朱の用法を教えたという、ニホツヒメの名をもって語られている所伝のあるのもとうぜんである。

しかるに神功皇后の所伝をもって語られているように、四世紀後半より五世紀にかけてのわが国と朝鮮半島との関係の進展にともなって新しい製鉄技術がもたらされ、韓鍛冶集団の来帰や大量の鉄鋌の輸入もみるに及んで、褐鉄鉱による製鉄は、しょせん時代遅れとなり、やがて「藤代」による砂鉄採取となって、丹生川上よりも一段と砂鉄の豊富な播磨に移らねばならなかったのである。

丹生川上から播磨へ

『播磨国風土記』の冒頭、賀古郡の項に、賀古の松原で「白き犬、海に向きて長く吠えぬ」という記事があるのも、右のような観点からすれば、ここに浜砂鉄のあることを知らしめたものと理解することができる。

およそ神功皇后の所伝そのものが、先にも述べたように、鉄の新羅（「沙比新羅」）

への願望に根ざしたものであり、朝鮮半島との交通によってもたらされた進歩的な製鉄技術は、達川鉄山や忠州鉄山の鉄鉱資源をともなってきたとすると、きわめて優秀な磁鉄鉱を主とするもので、その点、弥生時代以来の褐鉄鉱による製錬は、時代遅れのものとならざるを得なかったのであろう。そのことが、新旧文化の対立抗争を呼び、「鉄輪」(鉄鐸)と「藤枝」、すなわち、褐鉄鉱による原始的製鉄と、砂鉄を選鉱する進歩的製鉄との争いともなり、また藤枝すなわち藤蔓をもって作ったざるで砂鉄を選鉱淘汰するには、丹生川上よりも、磁鉄鉱の豊富な播磨国に求めたのである。

わが国有数の産鉄地である中国山地より流れ出た加古川河口から明石にかけての海浜は、砂鉄の宝庫であった。そのことが、住吉大神をいったん丹生川上に鎮め奉ったにもかかわらず、藤枝の流れついた播磨国に移ったとする記事となったものと思われる。

昭和五十七年九月九日、奈良県橿原考古学研究所で行われた、古代刀剣シンポジウムで、日立金属冶金研究所長清水欣吾氏は、奈良県内の古墳出土の刀剣等百六点を化学分析した結果、原料は赤鉄鉱・褐鉄鉱であることが判明したという。

このことは、初期製鉄が褐鉄鉱・赤鉄鉱を原料としたはずであるとのかねての私見が裏づけを得たことになる。ただし、それが磁鉄鉱に変わったのはいつの時代か、またその製鉄技術の具体的な方法等については、科学技術史の問題である。

わたしは、祭祀学の立場から、神々の祭祀や、神話・伝説、奉斎氏族、地名等によって埋没した古代の文化を発掘する一つの端緒を提示したまでである。

一一 蛇と百足(むかで)——鉄と銅

二荒山神社

徳川家康を祭る日光東照宮は絢爛豪華(けんらんごうか)な建築の粋(すい)をあつめて、観光対象として有名である。その日光山には、もともと二荒(ふたら)権現の名で知られる二荒山神社であった。東照宮のとなりの二荒山神社の方は観光客はまばらであるが、二荒山に対する信仰の歴史をもって、古社の風格を示している。

二荒山神社は宇都宮にもあり、この方は「宇都宮大明神」ともよばれる。『延喜式』神名帳には、河内郡の項に「二荒山神社名神大」の記載があり、宇都宮は河内郡に属するから、延喜の制名神大社としては、宇都宮二荒山神社のことと知られる。この両者の関係は、日光二荒山の奥宮に対して、宇都宮二荒山は里宮とする見解もあったが、そんな簡単なものではない。

日光二荒山神社は、むかし勝道上人が天応二年(七八二)男体山登頂に成功し、二荒山の神を奉祀したのにはじまると伝える。空海の詩文を集めた『性霊集』に「沙門勝道山水を歴て玄珠を瑩(みが)く碑」というのがあって、そこに「補陀洛山に上つて祈禱す」としてそのことが記されている。「二荒ノ神」とは、男体・女峰の両山が山の神として顕われて、仏説に付会(ふかい)され、「二荒山(ふたら)」すなわち「補陀洛山」と転化し、「二荒」を音読して「ニコウ」「ニッコウ」「日光」を称した、というのが通説であった。しかし、どうもこの説は本末が顚倒されている感が深い。また日光と宇都宮の関係についても、どう解すればよいか、わたしは久しく気がかりであったが、関西に住するため詳しい調査をする機会がないまま時が過ぎた。

ところが、二荒山の山頂から、さきごろ鉄鐸の出土したことを聞き及んでいたので、ぜひともそれを拝観させていただきたいと赴いたのは昭和五十五年の早春である。東照宮にも二荒山神社にも何度もお参りはしていたものの、従来は研究テーマを抱えて赴いたものではなかったことによる。二荒山神社では喜田川清香宮司の懇切な教示をうけ、中禅寺湖畔の同社中宮祠で鉄鐸を拝観し、宇都宮二荒山神社では助川通泰禰宜に案内いただだいた。そして得たところは何であったか。

日光山縁起

二荒山神社にまつわる説話に「日光山縁起」がある。至徳三年（一三八六）の奥書のあるものよりの転写が伝わっていて、上巻は日光二荒山神社中宮祠の宝物館に蔵している。岩波書店の日本思想大系『寺社縁起』に収められており、また林羅山が漢文体で記した「二荒山神伝」もあって、この方は柳田国男が「神を助けた話」として詳しく引用している。

従来、神社の由緒を考証するには、こうした説話は荒唐無稽（こうとうむけい）のお伽話の類として退けられがちであったが、いかに荒唐無稽にみえようと、それが語り伝えられてきたものである限り、何らかの真実が含まれているはずで、伝説による潤色や付会を除いて原型に遡及（そきゅう）して考察すると、そこに二荒山信仰の発祥についての謎を解明する手がかりが得られるのである。

説話の要旨は、むかし有宇（ありう）中将と申す者、明暮狩猟に耽っていたために勅勘を蒙って奥州に下ることとなる。鷹と犬を供に馬に騎ってやってきたのが東山道下野国二荒山。ここで朝日長者の娘、朝日姫と結ばれて生まれたのが馬頭御前（馬王）で、さらにその子が小野猿丸。容貌いたって見苦しく猿に似ていたが、弓箭とっては人に勝れた名手であった。すでに親々は死して二荒の神となったが、山中の湖水をめぐって上野国の赤城神とあらそい、たびたびの戦の末、鹿島大明神の教示で、孫の猿丸大夫に助勢させよというので、鹿に姿を変えた二荒神は、熱借（あつかし）山に狩をしていた猿丸を日光山に誘い、そこで神と現われて、弓執りの聞こえある汝にたのむとの神託あり、かくてあまたの百足(むかで)となって寄せくる赤城神に対して、二荒神は大蛇となって迎えるが、中にも左右に角の生えた大いなる百足に向かって猿丸が矢を放てば、左の眼に深々とささって遁走した。よって二荒神は猿丸にこの山を与えて主としたというのである。「二荒山神伝」では、「今汝に此の山を賜ふ。宜しく山麓に住むべし。我が子太郎の神出づれば則ち汝の申口(もうしくち)と為すべし」と仰せられたとする。柳田国男は「申口とするというのがこの話の最重要な点である」と述べ、宇都宮を至現太郎宮といった縁起あることにも触れている。太郎明神が人の姿に現われたとき猿丸といったというのである。

三人立の説話

『日光山縁起』の説話は、もとより中世に記録されたものである。『八幡愚童訓』や『太平記』にみられる安曇磯良の説話もそうであるが、中世の説話には時代の変遷にたえて、底流にひそんでいた古層の文化が掘り起こされて記録にとどめられていることが少なくない。これもその一つで、この説話の核となっているのは、有宇中将と朝日長者の娘の朝日姫と、そしてその子の馬王が人の姿で示現した小野猿丸という三人立の形である。これは神が聖なる乙女を娶って、聖なる若御子を誕生し、この世に降し給うたという神話の類型に還元することができる。海幸山幸神話の彦火火出見尊(ひこほほでみのみこと)が、海神豊玉彦の娘豊玉姫を娶ってヒコナギサタケウガヤフキアエズノミコトを生誕し、さらにその子が神日本磐余彦尊(かむやまといわれひこのみこと)（神武天皇）であるのと変わりはない。丹塗の矢となった美和の大物主神が、三嶋の溝咋(みぞくい)の女セヤタラヒメの陰(ほと)を突いて生まれたというヒメタタライスケヨリヒメもそうであり、あるいは火雷神(ほのいかつちのかみ)と賀茂建角身命(かものたけつぬみのみこと)の女玉依(たまより)比売(ひめ)と、その子の別雷神(わけいかつちのかみ)というような三輪や賀茂の神婚説話も同じ類型である。

金屋子神降臨説話も、神と朝日長者と、オナリと称する巫女の三人立の形に還元できることは石塚尊俊氏も説いている。そして神と長者とその娘の三人立の形は、京の長者とその一人娘の玉屋姫とそれを訪ねた炭焼藤太の話につながり、右の三輪や賀茂の神婚説話と同じく、三人立の形が『日光山縁起』にも見出されることになる。そうすると、日光と宇都宮の両二荒山神社の関係はどうなるか。

二荒ノ神

対馬の和多都美(わたつみ)神社は、彦火火出見尊と豊玉姫という、夫婦神を祭神とするのに対して、海神神社がそれと比定されている和多都美御子神社は、その子ヒコナギサタケウガヤフキアエズノミコトと想定される。賀茂御祖神社（下鴨社）は賀茂建角身命とその女玉依比売を祭るのに対して、賀茂別雷神社（上賀茂社）はその子神別雷神であること等を参照するなら、二荒神とは、有宇中将と朝日姫になぞらえれる男体・女峰の両山が「二現（ふたあら）」と顕われたとみることはそのまま肯定できる。

しかし、これが「補蛇洛」と転化し「二荒」となり、さらに音読して「日光」となったというのは、仏説による付会であって、勝道上人が中禅寺湖畔に修行したとき、夢に峰上に大日輪が現われたと『補蛇洛山建立修行日記』に記しているとおり、夢に大日輪をみて日輪寺を建立したことが伝えられているから、やはり「日光」というのは日神祭祀にもとづく名であろう。そうすると御子神はやはり朝日姫から生まれた日の御子で、太郎明神が人の姿で現われて猿丸といったとすれば、後述するが猿は日の神の使いとも申し子ともされるのであるから、宇都宮大明神、ひいては小野猿丸とすることもあながち荒唐無稽と評し去ることはできない。

宇都宮大明神

日光二荒山神社の祭神は、大己貴命、妃神の田心姫命、および御子神のアジスキタカヒコネノミコトとなっているが、これは三人立の形をそのまま表わしている。本来は男体・女峰の両山が現われたという二柱の親神であったろうと推定しえる。そして、その御子神が宇都宮大明神ではなかったか。『延喜式』神名帳にはただの一座だけしか記載されていないのは、この神をもって二荒神の現じたものとしたことと察せられるからである。祭神は崇神天皇の皇子豊城入彦命とされている。豊城入彦命とは上毛野・下毛野国造の始祖と伝えられていて、この地の開拓の祖神である。現に二荒山神社は五世紀代と目される古墳の墳丘上に祭られているから、下野国一円を支配した毛野君の始祖をもって、この神社の祭神とするのは当然で、その神が『日光山縁起』の小野猿丸に比定したとしても、けっして矛盾するものではなく、両者は信仰の上では、それなりの真実を表わしているといってよい。

小野猿丸と温左郎麿

『宇都宮大明神代々奇瑞之事』という縁起書があって、これは文明十六年（一四八四）の奥書があり、成立は鎌倉時代とみられるが、そこには称徳天皇の神護景雲元年（七六七）日光山に顕現して、その後、仁明天皇の承和五年（八三八）「温左郎麿」が大明神を抱き奉って河内郡小寺峯に移し奉り、補蛇洛大明神と号したとある。小野猿丸がここでは「温左郎麿」と表記されているが、これも『日光山縁起』の説話の変型である。

ただし、日光二荒山神社にしても、宇都宮二荒山神社にしても、勝道上人の登頂によって初めて創建されたものでも、平安時代に入って移されたりしたものでもなく、両者の創建はもっと古く、毛野国の開拓にまでさかのぼると思う。そのことを証するのがやはり『日光山縁起』であり、そこに見出される三人立の形が、二荒の神々の鎮座にかかわっているからである。

田原藤太の百足退治

『太平記』巻第十五その他によってひろく知られている田原藤太（たわらのとうた）の百足退治の説話は、明らかに日光山の縁起に結びついている。江州栗田郡田原に住んだ藤太秀郷が瀬多の橋を渡るとき跨いで通った蛇の頼みで、三上山の百足を退治する。この手柄で秀郷は下野の押領使に任ぜられたともいい、秀郷流の家系は近江にも下野にもあり、蒲生（がもう）を名のって歴史にその名をとどめている。家系の方は蒲生氏が後に付会した疑いが濃厚だが、少なくとも近江から発して東国にまで分布している田原藤太の百足退治に説話は、背後に一つの文化を想定することができる。同一もしくは相類した文化段階にある民族は、同一もしくは相類した神話を生み出すものであるという。田原藤太の百足退治と、小野猿丸の百足退治の説話は、その背後に相類した文化を想定することができはしないか。できるとすれば、それは何か。

田原藤太が百足を退治した三上山には、御上神社があって、天之御影神をまつる。天之御影神とは天目一箇神の別名で、単眼の製鉄神であり、天鈿女命の神楽に用いた鉄鐸を作ったのがこの神であった。

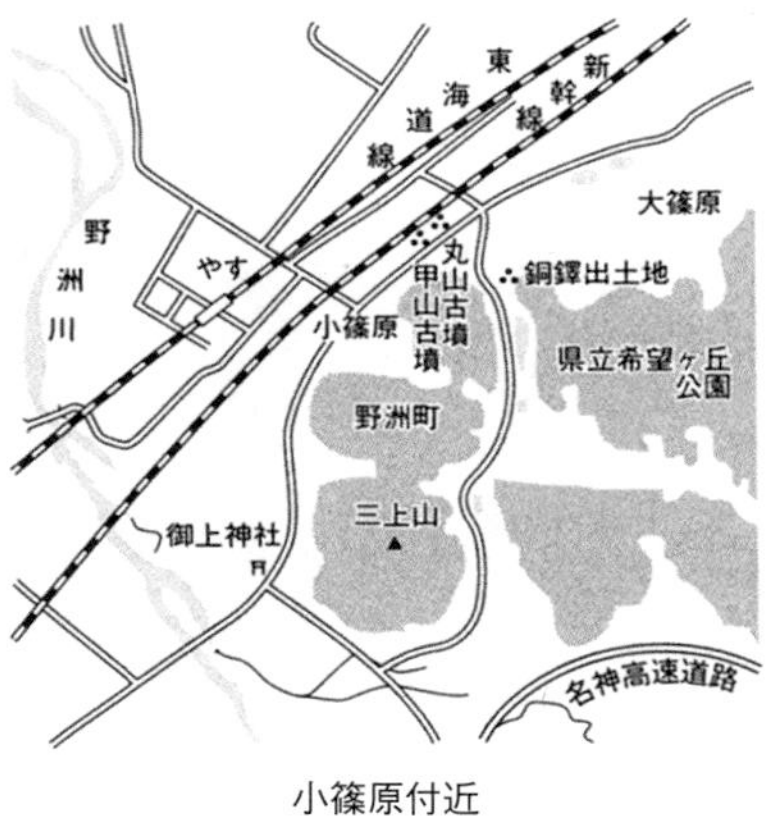

小篠原付近

御上神社の東北約二キロ、三上山の山麓にあたる野洲市小篠原からは二十四箇もの大量の銅鐸が出土した。そこは琵琶湖に面した一面の篠原である。

鋳物師の竹田神社

三上山の東は日野町で、柳田国男は「日野は恐らく朝日野の略で、朝日山の信仰によってできた地名である」とされ、湖岸の村々から東に望む山の姿はいかにも旭日を拝するに適していて、その川筋はみな東西

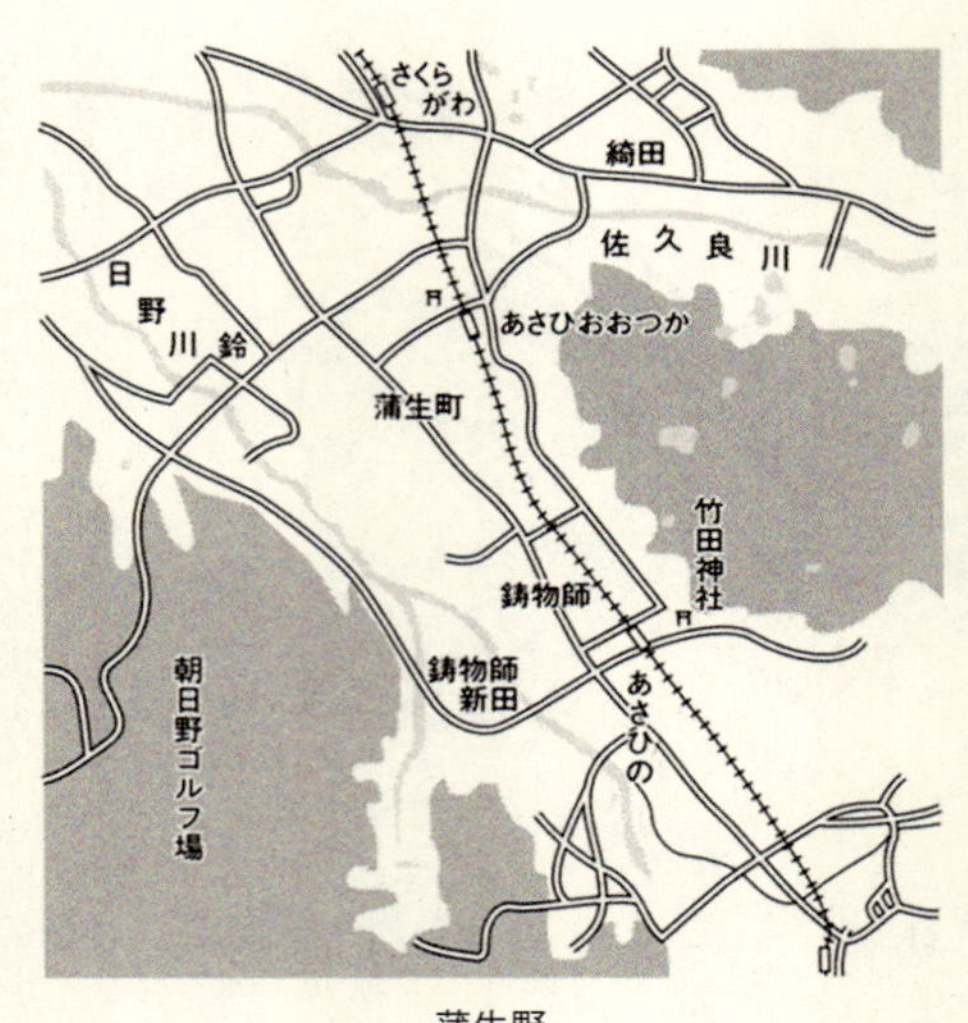

蒲生野

に通って、川上の峯は神々しく、すこし北すれば「日之少宮（ひのわかみや）」と称えた多賀大社のあることを説かれた。じつはこの日野町に「鋳物師（いもじ）」という地があって、その地の竹田神社は近江国蒲生郡の式内社菅田神社に比定されている。竹田神社の西側の字（あざ）は菅田である。祭神は天津日子根命・石凝姥命・天目一箇命・大己貴命・大屋毗古命としている。天津日子根命とは、天照大神とスサノヲノミコトの誓約（うけい）にさいして生まれた五男神の第三子で、蒲生稲寸の祖であり、大屋毗古命は伊太祁曽神と同じ製鉄に必要な木の神であり、イタテ神にほかならない。その他いずれも製鉄ないし鋳造に関係あり、同社の祭礼には「神火鋳徳　霊金鍛威」と書した幟をかかげるから、いよいよ製鉄に関係ある神と知られる。

菅田首と蒲生野

しかも菅田首は『新撰姓氏録』によると、「天久斯麻比止都命（あまくしまひとつのみこと）の後なり」とあって、ようするに天目一箇神、つまり単眼の製鉄神の裔と伝える。ここはまた蒲生郡であり、蒲生野であった。菅の生い茂った田であるとか、蒲の生えた野が、製鉄に関係があるとは現代の常識からは想像できないかもしれないが、少し観点を変えて、往古湿原に生えた菅や蒲などの根に水酸化鉄が沈澱して「スズ」（褐鉄鉱）が生成されたことを知るなら、そこに想像を絶する古い時代に製鉄が行われていたことが理解できるはずである。

わたしは、竹田神社宮司安井吉史氏を訪ねて種々教示をうけた。

安井宮司は日野町別所から高師小僧（スズ）が発見されたこと、また同じく綺田（かばた）の野口家に銅鐸を所蔵していること、さらに日野川のほとりには「鈴」という地のあること等を話された。

日野川の名も鉄との結びつきの強い出雲の斐伊川（ひのかわ）を想わせる。日野はまさしく古代の製鉄地であったとしてよい。はたせるかな、昭和五十九年九月二十二日、竹田神社の南約一〇〇メートルの日野町より和銅開珎を含む銅銭九十九枚が出土した。安井宮司は、そのことをわたしに告げるためにわざわざ来訪された。竹田神社の側から大量の銅銭、しかもわが国最初の「和銅開珎」が出土したということは、鋳物師の地名が示すとおり、太古以来鉄ないし銅の鋳造技術に秀れていた菅田首が、奈良時代ここで銅銭の鋳造に従事していたことと想像できる。そこが蒲生野であり、朝日野と称し、日野ともいう。それはけっして偶然ではなかったのである。

日野と鈴鹿

日野から東へ、鈴鹿山脈の水沢峠を越えると「水沢」である。谷川健一氏はここにヤマトタケルノミコトが歩けなくなったことに関係ある足見田(あしみだ)神社のあることや、『地名辞書』に「黄鉄鉱と交り、辰砂現出す」とある記事を紹介されている(同氏『青銅の神の足跡』)が、事実、鈴鹿山麓のこのあたり一帯には文字通り水沢が多く、かついたるところ赭色土の露呈しているのが眼につく。佐藤信景の『山相秘録』によれば、

鉄多く凝結したるは大抵赭色になる者なり、其赭色土の下に鉄あるに非ずして、赭色土は皆鉄なり。

とあり、これが水沢の植物の根に沈澱堆積して「スズ」を生成したものと推察するこ

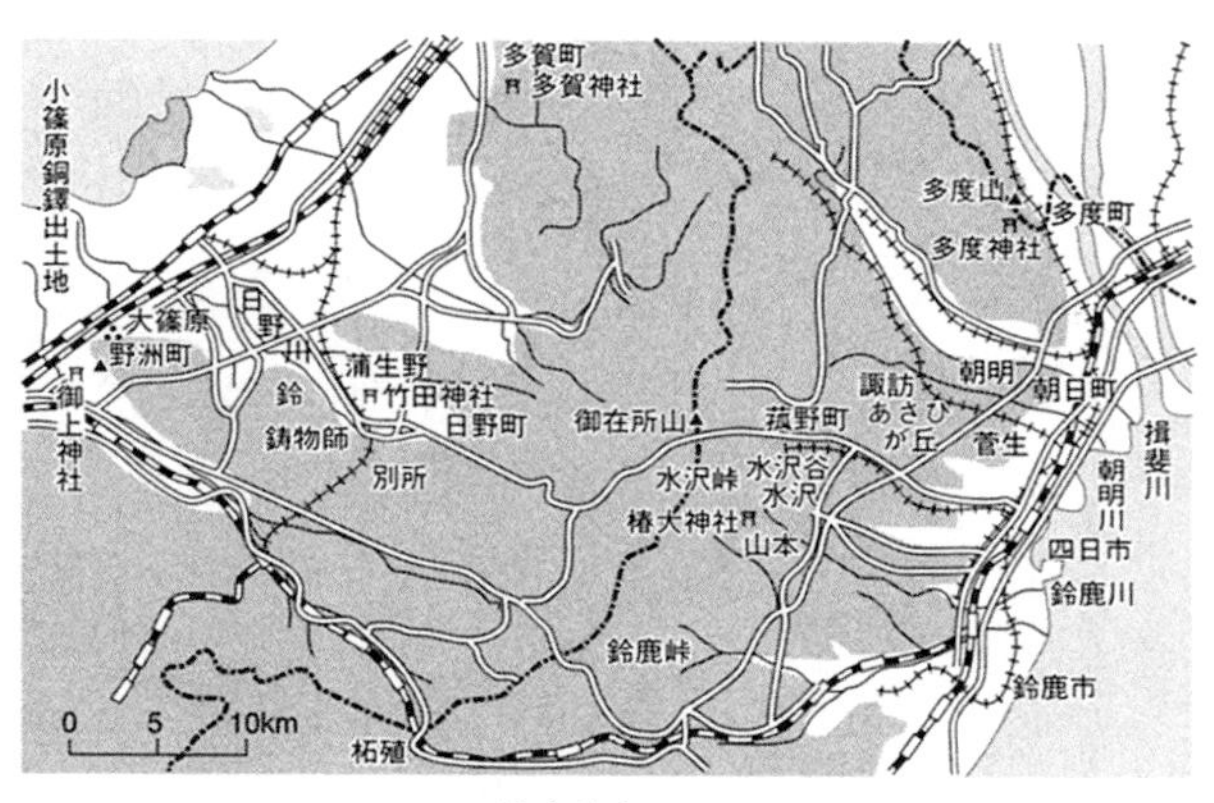

鈴鹿地方一円

とができる。「鈴鹿」とは「スズ」の在り処(か)にほかならなかった。

そこにはまた猿田彦神をまつる伊勢国一の宮・椿大神社があり、椿鉱山がある。そして鈴鹿の山から発して、四日市市で伊勢湾に注ぐ川が朝明(あさけ)川である。壬申の乱にさいして、大海人皇子が天照大神を望拝したという迹太(とほ)川で、ここに朝日町があり、また日野町もある。日神の祭祀を想わせる名であるが、そこで鈴鹿山脈から運ばれた「スズ」、すなわち、鉄が得られたに違いない。朝日町の東、大矢知(おおやち)から銅鐸が出土し、この付近は鍛冶金工に関係のあることは谷川氏の著にも詳しい。ともあれ日野といい、朝日という地名が製鉄地に結びついている。

金屋子神降臨伝説でも「朝日長者がお宮

を建て、神は村下となって朝日長者が炭と粉鉄を集めて吹けば、神通力のいたすところ鉄の涌くこと限りなし」と伝え、朝日長者、朝日山、朝日松等、朝日夕日の伝説が製鉄冶金に結びついているのである。

宇都宮二荒山神社と日野

ところが、わたしがさきに宇都宮二荒山神社に参拝して、その現社地は古墳の墳丘上であるが、もとは古墳のはずれにあたり、そこは「日野」と称する地であると知った。このあたりの古名を池辺郷といい、神社の前には大きな池があって、参拝者は身を潔めたという。その名残の「鏡が池」は今は姿を消したが、池上町とか宮島町とかの地名が残っていて池の大きさを物語っている。

神社の東斜面には貝塚があり、湿原に向かっている。社頭に参じてまず眼につくのは巨大な鉄製の天水桶である。もとは文政六年（一八二三）の銘の入ったものが据えられていたが、戦時中に供出され、現在のものは近年の奉納にかかるが、こうした鉄製品のあることじたい、当社の鉄とのつながりを想わせる。社蔵の宝物に国の重要美術品に指定されている鉄製三十三間星兜や建治三年（一二七七）の銘ある鉄製狛犬もある。

さらにこの地方に分布する発生期古墳は、前方後方墳が主で、副葬品中には鉄製武具工具がみられるという。前方後方墳には、大和では物部氏に関係があると思われる天理市の西山古墳や、葛城氏の本拠である新山古墳がある。物部氏が製鉄に関係のあることは先に述べたとおりで、出雲や吉備地方に多い前方後方墳もそうであるように、製鉄によって大をなした在地豪族、ないし製鉄の部民を管掌するために派遣された地方首長のものと推定することができる。

吉野裕氏は、前方後方墳を鍛冶王古墳といい、水野祐氏も前方後方墳を出雲文化的なものとして意義づけ、東国におけるこの形式の古墳を出雲の文化の東遷とみられている。わたしにいわせると、製鉄文化の担い手であった地方豪族層に共通の形式であったにほかならない。

ようするに、宇都宮二荒山神社には鉄との結びつきが濃厚に見出されるのである。そこは日野といい、池辺郷であった。近江の日野も蒲生野であり、菅田であった。それは単なる偶然ではないのである。

日光男体山の鉄鐸

田原藤太秀郷の名乗った氏が蒲生であるのは、近江の蒲生野による名と察せられるが、三上山の百足を退治したのは蛇のたのみによるものであった。その三上山に製鉄神（天目一箇神）が祭られ、付近からは銅鐸が出土した。『日光山縁起』では二荒山の蛇と赤城山の百足があらそった末、小野猿丸のはたらきで百足は退治された。二荒山と赤城山の中間に位置するのは足尾銅山である。宇都宮の南、小山市郊外武居にある智方神社付近より小銅鐸が出土している。そして日光男体山の山頂よりは鉄鐸が出土した。

男体山の鉄鐸は山頂の太郎坊神社付近より昭和三十五年、鏡鑑・錫杖・経筒・独鈷杵・土器類とともに出土したもので、中宮祠宝物館に蔵されているが、山頂遺跡発掘調査報告『日光男体山』に一三一口と報告されている。実際には大小二〇〇口以上におよぶおびただしい数で、わたしはそれを二荒山神社中宮祠宝物館で拝観した。そのさい、学芸員の矢野忠弘権禰宜に、この山に鉄滓がないかと尋ねたところ、見せられたのはまさしく鉄滓であった。銅もあった。いずれも熔解したさいの残滓であるから、他から持ち込むことはあり得ない。かならずこの中宮祠付近で製鉄、製銅の行われていたことを証するものである。

金谷と血沼

中宮祠の鎮座地を「金谷」と称し、中禅寺湖畔には溶岩がごろごろしている。さらに二荒神と赤城神がたたかったという戦場が原の百足の血に染って赤くなった「血沼」というのも、鉄分が酸化発色して赤くなったものである。

鉄鐸の用法については山頂遺跡発掘調査報告『日光男体山』には、

古くは神聖なる神の憑り代とも考えられた鐸が、後には神霊を招ぎ奉り、斎き奉るに必要な呪具として、またその神聖性を発動する振音によって悪鬼邪霊を避除し、現実的な害獣等の危害を避ける法具として用いられ、霊峯二荒の山中深く分け入り、その山上にはげしい修行をくり返して、絶大なる山霊の神気に触れ、法力を得ようとする修行者達によって、盛んにふり鳴らされたものであった。

と記している。

男体山頂に埋葬された当時の修験者は、そのような用い方をしたのであろうとは認められるが、鉄鐸は『古語拾遺』に猿女君の遠祖天鈿女命が「着鐸之矛」を持って舞ったという招魂（鎮魂）の呪具で、本来は湖畔や湿原に面した斜面等で「スズ」（褐鉄鉱）の生成を祈請して振り鳴らしたものである。そのことは諏訪大社の御立産神事（湛神事）からも察せられる。

男体山上で発見された鉄鐸は、この地での製鉄が行われなくなった後も久しく伝世されていたものが、修験者等によって他の法具とともに鎌倉時代のいつの頃かに埋められたのであろう。少なくとも二荒山に鉄を産したことは間違いなく、それが二荒山信仰のはじまりであり、修験道発生の要因もじつはそこにあった。

『性霊集』所収の「沙門勝道山水を歴て玄珠を瑩く碑」には、二荒山のことを記して、

妙高を指して儔とし、輪鉄を引いて帯となせり。

とある。「輪鉄」とは、妙高（須弥山）を中心に帯のようにかこむ鉄より成る山の意である。わたしは、いろは坂を下るバスの車窓より男体山を仰いで、その秀麗崇高な山容はもとよりだが、山腹に露出している、誰の眼にもあきらかな鉄砂を含む地質の層に眼をみはり、二荒山信仰や二荒山神社の成立に、そのことが誰からも注目されていないのが不思議でならなかった。

鉄文化と銅文化のあらそい

そこでかりに二荒山に鉄を産し、赤城山に銅を産したとするなら、二荒神と蛇と、赤城山の百足とのたたかいというのは、鉄文化と銅文化のあらそいではないか、ということに想いいたったのである。それというのも、蛇が鉄に結びつくのは、スサノヲノミコトの八岐大蛇退治の物語にもうかがわれるとおり、蛇は元来水に縁の深い動物

であり、鉄もまた水辺の葦や薦の根に生る「スズ」にしても、鉄穴流しによって砂鉄を採取するにしても、水に所縁の鉱物である。したがって、水と蛇、水と鉄との結びつきから蛇と鉄と結びつくのは容易である。さらに五行思想では「金生水」と称し、「金」は「水」を生ずる理となっていて、鉄のあるところ水を生ずるから、そこに蛇があっても不思議ではない。

それに対しても、銅が百足に比定されるのはなぜか。

銅と百足

道教の経典『抱朴子』によると、鉱山に入る場合、蛇の危害を避けるためには、竹の管に百足を入れて腰に下げる、または百足のイミテーションをつくって身にまとうという呪術信仰がある。

そして赤城山の中腹にある赤城神社は、中国江南の道教の聖地赤城山からきたという伝承もあり、江南地方は中国古代の洞玄霊宝派道教の開発した冶金鍛造の技術のさかんな地方であり、その方面より渡来した技術者が近江・下野・上野に多く居住していた。

江南道教が採鉱冶金の技術を伝えたのはいつか。『日本書紀』には雄略天皇の十四年（四七〇）呉国より漢織・呉織・兄媛・弟媛らが来日し、朝廷は是を歓待して姓を賜り、大秦と称さしめたことが記されている。この秦一族は、京中に居を占めて大をなしたことも知られているが、その頃から呉国にあたる江南の人びとは次々に来日し、各地に居住したものとみられる。その中に江南の採鉱冶金の技術を伝えた民もあったのであろう。近江から下野・上野に移住した民もあったことと見る。

鉄が蛇、銅が百足となり、二荒山でも三上山でも両者があらそった末、最終的には百足が敗退するのは、鉄文化が銅文化より優位にたったことを意味するにほかならない。

猿と日神

二荒山の鉄鐸は山頂に埋納されていたが、もとは伝世されていたものであろう。現在も鉄鐸を伝世するのは、信濃の諏訪大社、小野神社、矢彦神社、五社神社等である。五社神社の鎮座地が朝日村というのも注意すべき点であるが、小野神社の鉄鐸は長い柄の着いた鉾の根もとに麻緒とともに取りつけてあり、まさに天鈿女命の「着鐸之矛」を想わせるものであった。天鈿女命の裔は猿女君だが、猿女君は近江の小野に養田があった。山王権現で知られる日吉神社は比叡山を神体山とする日神祭祀の祭場で、猿を神使とするが、その北およそ八キロの和邇川の右岸にあるのも小野神社で、そこには小野氏があって宮廷に舞女を出していた。

下野の猿女太夫の子孫も小野を名のり、日光の神主は小野氏が継承した。小野氏の出自は和邇（わに）氏で、これが猿女君氏と結ばれたのは小野氏による蚕食とみられているが、わたしは日神の祭祀に猿女の巫祝がなくてはならなかったからであろう、とみている。

猿女君氏の祖を伝える天鈿女命とともに語られるのは、伊勢の宇治土公氏の祖と伝える猿田彦神で、宇治土公氏は神宮の大内人の職にあり、もともと在地の日神祀の司祭であった。猿女君とか猿田彦とか、あるいは小野猿丸とか、猿が日神の祭祀と関係があるのはなぜか。

顔の赤いこともさることながら、猿は日の出前に喧噪歓喜するという習性によるものらしい。このことを最初に指摘したのは南方熊楠で、「猿に関する民族と伝説」の中で、猿のもつ暁の精が日の出前になると噪（さわ）ぎだすからだとしている。

延年の舞と歌の浜

穴戸儀一はかつて多くの猿丸太夫が、小野神を奉じ、例の「朝日さす夕日輝く木の下に」という謎の呪言を落しながら、富の眩（まば）ゆい鉱床を求めて漂泊したことをあげ、その小野神の後姿が、日吉山王に似ており、その肩には日の出前に欣喜躁躍するという猿があったことを説いた。

「朝日さす夕日輝く木の下に」とは、むかし長者が財宝を隠して、その場所を謎の歌に托して遺したという伝承を頼りに、無益な労力を費やした話は全国各地にあり、そうした地を求めて歩いた一群の人びとの演じた芸能に「延年の舞」があった。修験道における「峯中(ぶちゅう)十種修行作法」(床堅・懺悔・業秤・水断・閼伽・相撲・延年・小木・穀断・正灌頂)の一つであるが、日光二荒山にはこの延年の舞が伝えられていて、叡山の慈覚大師が伝来したことになっている。

小野猿丸が百足を退治して、二荒神より山を賜わったとき、おおいに悦んで湖水の畔に歌いかつ舞ったので、湖水の南の浜を「歌の浜」というとは、『日光山縁起』に記すところであるが、これがその本縁譚であろう。もともとは日の神を祭る猿女の巫祝、いいかえるなら、天鈿女命の鎮魂儀礼がなくてはならなかったのである。そしてそこで用いられたのが鉄鐸であった。

日神祭祀になぜ鉄が結びつくのか。先に述べたように、鉄は水に所縁の鉱物で、その最初の発見者は海人族であり、海人族は一般に太陽神をまつる風習があったからである。それとともに、タタラ炉の火の色は、真赤に燃える朝日・夕日の色をもって最上とするからであった。その太陽神の祭祀に猿が結びついた。猿というと山人を想像しがちであるが、猿田彦神の裔と伝える宇治土公(うじとこ)氏も、猿女君とつながる小野氏の出自とする和邇氏も、もとは海人族であった。

有宇中将と在原業平

二荒神となった有宇中将は在原業平と通ずるとは高崎正秀氏の説で、「宇」とは「生」の転で、「有宇」は「在生」で、「生」は原の義であるという。国語学上の当否は別として、所伝をたどると通じるもののあることは否めない。

在原業平は小野宮惟喬(これたか)親王に仕えたが、狩の使として伊勢に下向した。小野宮は木地屋の祖とされている。木地屋はもと製鉄の民であったことは柳田国男氏も説いている。在原氏の出自は平城天皇の皇子阿保親王で、大和国添上郡の阿呆山から出たというが、伊賀の阿呆から移ったのだともいう。伊賀の阿呆は「穴太」「穴穂」ともいい、「鉄穴」を意味した。そこからは銅鐸が出ている。

在原業平の東下りの物語は、一種の貴種流離譚で、「小野猿丸といい、田原藤太といい、あるいは朝日といい、有某という巫祝呪術の徒が、千年の昔から近世に至るまで、西海南海から北東へ、伊勢・伊賀・近江から北東へと間断なき移住植民を敢行していた」というのが高崎正秀氏の説くところで、彼らは時代によって猿女を称し、小野を称し、彼らによって朝日長者譚、小野猿丸譚が東北にもたらされたというのである。

その点はわたしも同意する。そしてわたしはさらに二荒ノ神の物語も、田原藤太の百足退治の話も、もとはといえば相似た類型の文化があって、そこから生じた相似の説話であることを思うが、それを唱導した一群の巫祝芸能の徒は何から生じたか。わたしは、そこに「朝日さす夕日かがやく」地に鉄を求めて漂泊した、製鉄の民の足跡をみるのである。

むすび――豊葦原の瑞穂国

豊葦原の瑞穂国

わが国の古い呼名を「豊葦原の瑞穂国」というのは、稲穂の豊かな稔りを希求した讃め言葉で、葦の生命力が邪気を祓うとの信仰から、葦の豊かに茂る原はみずみずしい稲も育つ、との経験によったものとする解釈が行われてきた。葦原そのものが、水田に適地として稲作文化の渡来と同時にその開墾がはじまったものと想定し、豊かな葦原そのものを稲穂のみずみずしく稔る姿を象徴するものと解したのである。

しかし、葦は葦であって、これが稲に変わることはない。葦の豊かに生える原が、稲も豊かに稔ることの象徴となるについては、そこにもっと葦と稲の必然的な結びつきがあるのではないか、というのがわたしには久しい疑問であった。それが、葦の根に褐鉄鉱、すなわち「スズ」の生ることを知ったとき、眼から鱗の落ちる思いがした。つまり、葦の原は鉄の採れるところであった。すなわち、葦の根に形成される褐鉄鉱の団塊「スズ」を採って、それにて鉄器を生産し、開墾を進めたのである。しかも水中に含まれる鉄分は稲の生育を促進させる。稲は水中の鉄分を吸収して生長するのであるから、とうぜん葦原は稲の適地となる。

もっとも褐鉄鉱は磁鉄鉱に比べて品位は低いから、酸素に弱く、酸化腐蝕するのも早く、弥生時代の遺物として残存することはまれなため、考古学の対象ともなっていないのであった。

湿原祭祀

古来「神の田圃」と称して、葦や菅や萱等の茂る湿原を聖所としてまつっている例は少なくない。菅生神社、菅原神社、葦神社等、全国にそれを偲ばせる神社も少なくない。金井典美氏はそれらをとりあげて、「湿原祭祀」の諸形態を説かれている。「葦原が豊かな瑞穂国に変ってゆくという神話の伏線であり、巨視的にみれば事実の反映」と解されているが、葦の生える湿原に鉄が得られ、それが文字どおり稲の生育を約束するものであったという事実への視点は欠落している。湿原聖地は、そこに生育する水辺の植物の根に褐鉄鉱（スズ）が生成されたのである。その生成を祈念して、同類を模造して振り鳴らし、また地中に埋祭したのが、鉄鐸であり銅鐸であった。

またその「スズ」の生る植物の葉の方を主として象徴したのが銅剣・銅鉾であった。

イザナギ・イザナミの神

このような銅鐸ないし銅剣・銅鉾の祭祀の時代、いいかえれば弥生時代の褐鉄鉱（サナギ）による鉄文化を象徴した神々、すなわち、サナギ、サナミを名とした神が、イザナギ・イザナミ二神にほかならない。

イザナギ・イザナミ両神を「鐸（さなぎ）」の神と推定したのは福士幸次郎である。福士は、わが民族の記憶に絶するあたり、鈴を以（もっ）て表示せられる主神の祭祀が存在し、この祭祀上における鈴の名称が「鐸」であった、と述べ、鈴を男女両体のものとしてサナギ・サナミと両個を立てて祭祀する形式が現われ、鈴そのものに元来からある信仰上の意味、すなわち生産・生長・生殖の霊力授与の意味が拡大進展し、やがて鈴の信仰がさらに人格神化されて考えられるまでの観念を生じ、鈴を祭器の名としてとったサナギ・サナミから、その名を負った男女両柱の神の存在に成長するにいたった、というのである（『原日本考』白馬書房、昭和十七年）。サナギ・サナミという「大鈴」を象徴する語に、接頭語の「イ」を冠したのが、イザナギ・イザナミ両神の名義であることを提唱したのである。

この説は学界から顧みられることなく今日におよんでいる、福士も「鐸」の原型に褐鉄鉱の「スズ」があることにまでは想いいたっていなかった。ところがここに弥生時代の製鉄の原料として、湿原の植物（スズ）の根に形成される「スズ」（褐鉄鉱）のあることが判明した今日、福士の説はにわかに蓋然性を帯びたものとなってくる。

ただしイザナギ・イザナミ両神を「鐸」の神とするには、両神をまつる近江の多賀大社付近より銅鐸が出土する必要がある。現在までのところ、多賀大社近くからはいまだ出土していないが、やや離れた野洲郡小篠原からは大量の銅鐸が出土しているので、多賀大社周辺にもその可能性は十分にありえる。ことに伊吹山をひかえたこの付近は古来産鉄地で、この地に発祥したのが古代製鉄氏族として大をなした息長氏であった。

淡路島の伊弉諾神宮（兵庫県淡路市多賀）も神社周辺からいまだ銅鐸の出土をみないが、同じ淡路島の三原郡（現、南あわじ市）からは多数の銅鐸を出土しているから、ここでもその可能性がなくはない。少なくとも、イザナギ・イザナミ両神を「鐸（サナギ）」によって発想された神とみた福士幸次郎の説は見直されてよいものと思う。はたしてそうであるなら、イザナギ・イザナミ両神に象徴されるのは「鐸」による弥生時代の祭祀であり、もっとも古層に属する文化である。

神々と文化

繰り返し述べたように、神々の名に表象されるのは一つの時代の文化を示している。諏訪の洩矢神も、伊勢の猿田彦神も、そうした原初的な祭祀の側面を表象する神であった。そしてその古層の文化の担い手の中で、大きくクローズアップされるのが海人族であった。海人族には尾張氏があり、天照御魂神という日神の祭祀をもって共通の文化の担い手であることを示している。この日神も、もとは火明命という火（乙類のヒ）から、天照国照彦天火明饒速日命という名にうかがわれるような、火の根源としての日（甲類ヒ）の神にいたったもので、その背後には製鉄炉の火から発想された一面を見逃すことはできない。この尾張氏もまた銅鐸祭祀の伝承者であったことは、田中巽氏がつとに指摘されたところである。

尾張氏や安曇氏等の海人族（海幸彦）は、古層の文化の担い手であった。彼らは、やがて進歩的な文化の担い手である、大和の皇室を中心とする勢力（高天原系、山幸彦）に従属することとなる過程を描いたものに海幸山幸神話がある。海幸彦と山幸彦は執物を交換したが、山幸彦（ヒコホホデミノミコト）は、海神の援けを借りて幸を得たとするところに、海人族の働きが古代文化の形成に重要な役割をはたしていたことを物語るものといえよう。

古層の文化の担い手を表象する神に、オオナムチの神を中心とする出雲系の神々があった。倭鍛冶である。オオナムチの神は「鉄穴(かなな)」の神を意味し、「鉄穴流し(かんな)」によって砂鉄を採取し、磁鉄鉱による製鉄を行った点で、褐鉄鉱による「スズ」の精錬からみれば進歩的であった。

この両者の新旧文化のあらそいを表象するのが、洩矢神(鉄輪＝鉄鐸)とタケミナカタの神(藤枝＝砂鉄)とのあらそいであった。タケミナカタの神は諏訪では洩矢神を敗ったが、オオナムチの神を代表とする倭鍛冶は、兵主神やイタテ神による韓鍛冶を用いて、いちだんと進歩した大和の皇室を中心とする勢力には譲らざるをえなかった。それが出雲の国譲りである。

神々の祭祀は語る

わたしは以上のように、神々の足跡をとおして古代の文化の発達の跡を追ってきた。神社の祭神や由緒、関係氏族の隆替、神話や民間伝承、古い地名を手がかりに、自然科学の援けをも借りつつ、古層の文化を掘り起こすことにつとめた。そして知り得たのは以上のような、考古学や文献の史学ではまったく思いもよらぬ古代鉄文化の軌跡である。それは、神々の祭祀というものは、本来、始源の状態を繰り返し、祖型を反復することによって、神聖な過去を再現し、原初の時を回復するという性格をもつものだからである。

祭祀にあたっては、その由来を語る詞章（祝詞〈のりと〉）を述べる。それが神話となる。また神々との交流をはかるため、集団の想い出を躍如たる姿に演じる。それが神楽〈かぐら〉その他の神事芸能となった。それゆえ、神々の祭祀にひそむ過去は、その神の名や神話や神楽を手がかりに復元することができるのである。原初の時を掘り起こすにほかならない。

日本の文化は稲作りを基調として形成されてきたことはいうまでもない。稲作りのために人びとはまさに切実な祈りを神に捧げた。切実であるがゆえに、生産に関わる具体的な〝モノ〟をもひとしお尊重した。神社にはスキやクワを神体として祭るところが少なくない。道具をも大切にしたのである。

豊葦原の瑞穂国という、稲の豊かな稔りを希求したわれわれの父祖の生産生活を支えたのは、神々に対する敬虔な祈りであるとともに、その神々に象徴されたのは、生産生活に関わりの深い〝モノ〟であった。それが鉄であった。

わたしは、われわれの遠い祖先が、雨につけ、風につけ、祈りを捧げてきた神々の祭祀の跡を検することによって、わが民族が営々と励んできた生産生活の発達の過程を知り得たが、なかでも、厚い土壌の下に埋没した古代鉄文化を掘り起こすことになったのである。

そして鉄文化への視点をもったとき、これまで闇の彼方に茫漠としていたわが国古代の謎のかなりの部分を解きあかすことのできることを知った。

「鉄と神々」に豊葦原の瑞穂国の原初の姿を見出したのである。

文庫版あとがき

本書の原稿を書いたのは、昭和六十年であった。その後版を重ねて何版に及んだのかは知らぬが、現在も読み続けられていることに驚いている。これは鉄そのものが古代から現代にいたるまで、変わらぬ文化財だからであろうが、朝日、夕日の伝説地や朝日松・朝日山・日野・日光のような地名が太陽崇拝と関係あり、それが製鉄地と結びついていることも識った。

五十鈴川河口などの伊勢地方から砂鉄を得られることにより、天照大神を奉いての倭姫命の巡幸も、実は鉄を求めての巡幸であり、鉄こそ弥生時代以来の文化形成の要であった。

本書が多くの人に読まれて、鉄が日本文化の形成に如何に役だったかを、識ってもらいたいと思う。

平成三十年三月

真弓常忠

解説

上垣外憲一

『古代の鉄と神々』が、ちくま学芸文庫から再刊されるとのことで、筑摩書房から解説をとのお話があり、喜んでお引き受けした。著者の真弓常忠先生には、先生が住吉大社宮司をされているとき、住吉大社に伺って、古代製鉄についていろいろとお話を伺ったことがある。

真弓先生はその時、泉南で得たという「高師小僧」、つまり低湿地に生ずる褐鉄鉱の塊（子供の頭のように見えるのが小僧の名の由来であろう）を見せてくださって、私の質問に答えてくださった。

先生の古代製鉄に関する説は、この『古代の鉄と神々』に先立つ『日本古代祭祀と鉄』を読んだ時から承知しており、私の古代史に関する著作に大きな影響を受けたと自認している。同じ学生社から、『古代日本　謎の四世紀』（平成二十三年）を書くにあたって、特に神武天皇の『古事記』、『日本書紀』の記述が鉄にかかわる部分が多いと気づいて、真弓先生からお話を伺おうと思って住吉大社を訪問したのであった。

高師小僧の語源は、百人一首「音に聞く高師の浜のあだなみは」の高師浜であって、今日も大阪府高石市にその名を残している。高師浜は、もちろん大阪湾に面しているが、大阪湾は、古い呼び名で「茅沼(ちぬ)の海」とも言い、神武天皇の伝説では、神武天皇の兄である五瀬命が敵の矢で傷を負ったとき、その血を洗った「血の海」、血海＝「ちぬ」と呼ばれたことにその地名は由来するという。

なぜ高師小僧が大阪湾に面した地に産するか、ということと、なぜ大阪湾が血の海と呼ばれたかは、真弓常忠先生の本書、『古代の鉄と神々』を読めばたちどころに了解できるのであるが、そうでなければ、古代史に自分は詳しいと自負している人でも、到底理解できるものではない。

『古代の鉄と神々』の論点の核心は、日本の弥生時代には褐鉄鉱を原料とする「弥生製鉄」が存在したこと、そしてそれは、日本の地方の古い神社の祭祀から証明できるということである。一般に、日本の製鉄遺跡は早くて五世紀で、六世紀のものが多く、弥生時代にはごく例外的なものを除いて製鉄遺跡が発見されない。従って弥生時代には日本列島内ではごく少量しか製鉄は行われていなかったというのが、考古学界のこれまでの定説である。

それに対して、本書の主張は、遺跡が発見されないからと言って、製鉄が盛んに行われなかったという証明にはならない、褐鉄鉱は融解温度が低く、それを鍛造すれば鉄器は製作でき、それが弥生時代には沼地に生ずる褐鉄鉱を用いて盛んに行われていたとするものである。

高師小僧と同様の沼地に生ずる褐鉄鉱の塊は日本の各地で発見される。それが高師浜の名を冠するようになったのは、そこが都に近い、代表的な高師小僧の産地であったから、と言える。大阪府南部、泉州の山には鉄分を多く含む地層がある。それが雨を受けて流れ出し、その鉄分を含んだ川水が、河口付近、海に近く茅の生える沼沢地で滞留し、そこでバクテリアの働きで鉄分が茅の根元に凝集して、鉄のイオンの色、赤色を呈する。それが血の色の海、血海(ちぬ)の語源なのである。高師浜もそのような鉄分の流れ込む沼沢地のあった海辺であり、子供の頭のような褐色の鉄塊、高師小僧の産地となったのである。

いまでは、珍しいもの、単なる愛玩物であるが、弥生時代においては、農業生産の根幹となる鉄器の原料として、最も重要な鉱物原料だったということなのである。

「すず」は今日では錫に当てられて、マイナーな金属の名称にすぎなくなっているが、古代においては、金属一般、特に鉄を指して言う言葉だったというのが、真弓常忠説であり、地名、神社の神名などの説明を多くの古社の例を引いて行っている。

その中でも最も根幹をなす考察は、諏訪大社の「鉄鐸」を用いた神事は、鉄鐸＝すず＝鈴を振り鳴らすことで、沼沢地に生ずる褐鉄鉱の盛んな生成を願ったもの、とする説である（本書「三　鉄輪と藤枝」）。諏訪大社のような、出雲神話にも登場する地方の重要な神社の神事には、弥生製鉄と結び付けて説明できるものが多々あるという。同様に、金属精錬と神社の関わりを説いたものに谷川健一『青銅の神の足跡』があるが、青銅以上に重要な、古代国家にとっても最も重要な金属であった鉄と日本の古社の祭祀の関わりを説明する本書の重要性は、『青銅の神々の足跡』を超えるもの、と言わねばならない。

日本の神社の中でも最も重要な社、伊勢神宮についても、その五十鈴川の名前について、「鈴」は鉄であり、この川で鉄原料が採取されたことに由来するとしているのは卓見である。大和朝廷にとって最も重要な神体山、三輪山についても、三輪山は鉄の産地であり、そこから流れる伊勢神宮と同じ名前の五十鈴川が鉄資源を含んでおり、それが、三輪山の神聖性の根源である、とするのも、神職にある研究者としては、まことに革新的な説と思われるが、それは真弓常忠先生の真骨頂である。「祭祀学」という言葉を本書で使っておられるが、「古代祭祀」の考証を実証的に綿密に重ねていった結論であって、私は全面的に賛意を表するものである。

皇室の祖神である「ホノニニギノミコト」のホは、穂の意味に解されて、皇室の祭祀が稲作と関わりの深いことと説明するのが普通である。しかし、本書において、天孫降臨神話に現れる神名、たとえばホアカリノミコト（火明命）を、製鉄にとって最も重要な、火が明るく（つまり非常な高温で）燃え盛る状態を表すとして、製鉄神と解するのも私には素直に理解できる。稲作に最も重要な農具が鉄で作られること、そこに皇室の祖神の性格を読み取るのである。従って、本書の古代祭祀において製鉄を重視することは、皇室の祖神の性格が、稲作ではない、と言いたいのではなくて、「稲と鉄」が皇室祭祀の両輪であることを、主張していると言い換えることができる。

皇室の祖神の大本、イザナギノミコトについても、鉄鐸の「鐸」がサナギと読まれ、イザナギ、イザナミの語源である、と本書ですることにも、私は賛成である。先にあげた『謎の四世紀』では、神武天皇の出自について、皇室祖神のイザナギを祀る淡路国一宮の主祭神がイザナギであることと、近くで発見された鉄の鍛冶工房遺跡、五斗長垣内（ごっさかいと）遺跡との関連で私は考えた。イザナギが鉄にかかわりのある神である、という点で私は真弓先生に賛成である。

本書の最初の刊行（昭和六十年）が、五斗長垣内遺跡の発見（平成十三年）にはるかに先行するものであることは、本書の先進性を物語って余りある。考古学が、真弓先生の祭祀学を後追いしているのである。

本書の提出した仮説で、いまなお論争となるであろうことは、銅鐸の用途が、沼地の褐鉄鉱の生成を願う鉄鐸と同様の神事のためであったという点であろう。私は、個人として真弓常忠先生に賛同するものであるが、多くの人々が議論に加わって、銅鐸祭祀の真の姿の解明を行ってほしいと願うものである。

手近にある地名、近くの神社の社名、神名の起源が、本書を読んで、なるほど、と明らかになることは、私を含む読者が体験することである。それによって、まず本書の信頼性を確認し、地方の伝説、地名と鉱産物の関係の解明を進めるならば、謎多き日本の古代社会の姿が次第に具体的に浮かび上がってくるであろう。その期待を記すことで本書の解説を結ぶこととしたい。

（かみがいと・けんいち／大妻女子大学教授）

ちくま学芸文庫

古代(こだい)の鉄(てつ)と神々(かみがみ)

二〇一八年七月　十　日　第一刷発行
二〇二四年二月二十五日　第四刷発行

著　者　真弓常忠（まゆみ・つねただ）
発行者　喜入冬子
発行所　株式会社　筑摩書房
東京都台東区蔵前二―五―三　〒一一一―八七五五
電話番号　〇三―五六八七―二六〇一（代表）
装幀者　安野光雅
印刷所　株式会社精興社
製本所　株式会社積信堂

乱丁・落丁本の場合は、送料小社負担でお取り替えいたします。
本書をコピー、スキャニング等の方法により無許諾で複製することは、法令に規定された場合を除いて禁止されています。請負業者等の第三者によるデジタル化は一切認められていませんので、ご注意ください。
© YUMIKO TOMIZAWA 2020　Printed in Japan
ISBN978-4-480-09870-2 C0121